LE PUITS DES ÂMES

Pascal Blanchard

Le Code de la propriété intellectuelle interdit les copies ou reproductions destinées à une utilisation collective. Toute représentation ou reproduction intégrale ou partielle faite par quelque procédé que ce soit, sans le consentement de l'auteur ou de ses ayants cause, est illicite et constitue une contrefaçon sanctionnée par les articles L.335-2 et suivants du Code de la propriété intellectuelle.

© 2009, Pascal Blanchard
Edition : Books on Demand, 12/14 rond-point les Champs Elysées, 75008 Paris
Impression : Books on Demand, 22848 Norderstedt, Allemagne
ISBN : 978-2-8106-1114-0
Dépôt légal : février 2010

Mise en page et réalisation de la couverture par Books on Demand GmbH

« Nous ne sommes érudits ou supérieurs qu'à hauteur de nos propres vérités. »

Pascal Blanchard

LE SOURIRE DU PROFANE

Il arpente les allées, battant le pavé
Avec un regard envisageant le péché.
Marchant le long des cimetières,
Il ne laissait derrière lui qu'une ombre austère.

Il cherche la tombe qu'il ouvrira lentement
Afin de déposer un bouquet de roses noires
Sur un corps à l'écart du temps.
Puis il regarde son œuvre en attente de gloire.

Lorsque la nuit tombe, il devient chasseur.
Refusant la peur, il ne connaît que fascination,
Écarte la stèle avec cœur et ardeur
Et s'agenouille avec une certaine émotion.

Priant son dieu d'un mystérieux cantique,
Il tente avec quelques outils, de percer le secret.
Il s'enivre de rites qu'il prétend initiatiques,
Profitant du plaisir renouveler après chaque méfait.

Il préfère les sépultures recouvertes de lierre
Et commet son acte avant que les roses ne fanent.
Chaque nuit il se dit pourtant que c'est la dernière,
A ce moment, l'on peut entrevoir le sourire du profane.

L'ADOLESCENTE

À ce jour la belle était encor pucelle,
Élevée dans un écrin de bourgeoisie.
L'esprit occupé par quelques désirs imprécis,
Elle prend conscience de son corps de jouvencelle.

À peine sortie de l'adolescence, partagée
Entre une éducation catholique prétendue morale
Et les interdits qu'impose l'autorité parentale.
Elle ne voulait plus préserver l'intégrité de ses désirs.

Elle ne connut de l'amour que des relations indécentes
Prodiguées par une religieuse anormalement passionnée.
Une maîtresse généreuse pour quelques moments privilégiés,
S'offrant sans retenue aux caresses d'une élève entreprenante.

Elle savoure plus que de raison la sève de sa tendre,
Se servant directement à la source telle une assoiffée.
Elle usait de ses talents par un mouvement expérimenté,
Pour honorer la carmélite, jurant que le ciel peut attendre.

Elle se souvient des avances d'un cousin étranger
Dévoilant ses charmes, à la limite de l'obscénité.
Elle aime à s'exhiber, rendant la situation tendue
Afin de mieux servir son hôte, d'un geste souple et continu.

Allongée sur une couche de velours, le jupon retroussé,
Elle se laisse envahir par quelques excès de luxure.
Elle attend avec impatience un dénouement apprécié,
Révélé par l'excitation d'un acte contre nature.

Elle se montre l'esprit débordant de satisfaction,
Sans le moindre regret, le corps marqué et souillé.
De fort belle manière, cet amant d'exception
Lui fait signe d'approcher et lui donne un dernier baiser.

LE MAL DU POÈTE

Bienheureux soit le poète sans charme
Qui de ses vers, de ses rimes,
Taquine la jouvencelle de ses armes
En prétendant qu'aimer n'est pas un crime.

Bienheureux soit le poète romantique
Qui faute de rendez-vous galant,
Trouve refuge par quelques mots élégants
Dans ses compositions pathétiques.

Il n'est jamais avare de révélations
Mais reste impuissant devant sa solitude.
Il perd peu à peu sa quiétude.

Toute sa raison n'y peu suffire
Et malgré ses plus profonds désirs,
Il s'abandonne dans les oraisons qu'il compose.

LA SERVANTE DE MONTERBEAU

Elle demeurait seule, dernière vie du manoir
Avec pour seule compagnie son reflet dans le miroir.
Elle entendait parfois le cri du désespoir
Retentir violemment par delà les couloirs.

Elle pensait pouvoir apporter un peu de réconfort
Aux résidents légitimes, même s'ils sont morts.
Elle a cherché les tombes, les oubliettes abandonnées,
Pour qu'enfin reposent en paix les trépassés.

Elle a tenté de percer les secrets de la demeure,
Mais en vain. Chaque nuit, sans plus aucune conviction,
Elle attend que passent la hantise et ses humeurs.

Elle sait que son titre de dernière héritière
Ne lui donnera le droit à la vérité
Que si elle rejoint ceux qui l'ont sollicitée.

INTELLIGENCE ET CLARTÉ

Douce lueur que celle de l'aurore
Lorsqu'elle infuse le monde.
Pari gagné contre la mort
Qui doit continuer sa ronde.

La volonté qui l'a fait naître
Entretient deux mystères,
Le syndrome de l'éphémère
Et la philosophie du moins paraître.

Elle a fait de la nature
Un foyer de responsabilité.
Un simulacre judicieusement voilé
Par un hasard qui apparaît à l'état pur.

Elle imite les imperfections
Pour cacher ses décisions.
Mais toujours elle observe,
Surprend ou garde une réserve.

ENTRE FOLIE ET DOCTRINE

Il joue aves sa plume,
Fait glisser le calame
Pour exprimer ses états d'âmes,
Et ceux d'autrui qu'il présume.

Il a un rapport fusionnel
Avec les parchemins qu'il humanise.
Il se croit devant un autel
Prêt à confesser ses méprises.

Il écrit pour la postérité
Et ne cherche aucune gloire.
Il relate un héritage oublié,
Une incitation à croire.

Il prétend avoir reçu un appel,
Sous forme d'une obligation spirituelle.
Il souhaite honorer ses engagements,
Même sans en connaître l'aboutissant.

RUINE DE L'ÂME

Il était pour la philosophie dans le vers,
Tristesse n'est que ruine de l'âme, sans charme,
Versificateur de misère
Il a déjà versé toutes ses larmes.

Il lui arrive, la truffe en avant
De chercher la rime dans les grimoires.
Sans succès, il perd espoir
Mais reste persévérant.

Ses nuits sont devenues réflexions
Sur son passé, sur son salut,
A grand renfort d'illusions perdues.

Il transmet son désarroi à tous ceux qui l'approchent.
Sans conscience, pale imitation de son prochain,
Il fait semblant d'être à plaindre, d'instinct.

HYMNE MACABRE

Ne trouvez-vous pas d'une manière flagrante,
Que nos cimetières et sanctuaires
Reflètent la mort, le défunt et son suaire.

Notre vierge, qu'elle soit icône ou statue,
Représente la foi de quelques fidèles chevronnés
Qui espèrent, encor, avoir accès à l'éthéré.

Nos monuments funéraires et autres hommages
Inspirent au plus profond de l'âme,
Évoquent certaines légendes et le vampire de ces dames.

L'atmosphère environnante de ces lieux
Est difficilement supportable pour un esprit sensible,
Qui pour croire n'a pas besoin d'une preuve tangible.

Le silence inquiétant qui imprègne nos églises
Paraît rassurant pour des initiés inspirés.
Le bien être d'une personne ne résulte pas d'un symbole sacré.

La mort aime à marcher pieds nus sous la lune.
Sur la plage des damnés, entre les dunes
Pour y retrouver son époux l'ange déchu.

Ses doigts longs et effilés, couverts de sang frais
Défilent sur les cordes usées d'une harpe
Pour y composer un hymne macabre un peu surfait.

Elle portait un fuseau cousu de fils d'or.
Ce vêtement constituait son seul atour.
Qui brillait comme le soleil au lever du jour.

Elle éprouve parfois quelques lointains souvenirs,
Qui comblent la solitude et envahit son empire.
Ils ravivent une fierté depuis longtemps disparue.

Son histoire n'est que regrets éternels,
Quelques grains de poussière au gré des vents,
Un oiseau de mauvais augure à chaque instant.

LE SYNDROME DE L'ÉCRIVAIN

L'écrivain, sous l'emprise d'une douce torpeur,
Reste silencieux et pensif devant son écritoire.
A la recherche d'une fresque verbale quand vient le soir.

Il exerce son regard à la lueur d'une bougie,
Sur une plume et un encrier d'intérêt commun.
Prisonnier de ses pensées, toujours indécis
Il ne sait que poser comme refrain.

Sa main tremble, cherchant désespérément l'inspiration,
Il s'essaie à quelques manuscrites exploitations.
Sans trouver le moindre commencement à son histoire,
Il cherche au plus profond de sa mémoire.

Quant une lueur d'espoir illumine son esprit
Et offre au poète quelques vers imprécis,
Il ne s'agit que de bribes de phrases,
Un poème bâclé, parsemé d'une infime extase.

Il libère émotions et sensations, furtivement,
Philosophe jusqu'au bout de ses doigts hésitant.
Il offre un bref émoi, le temps d'une lecture
Et le sentiment que ses intentions sont pures.

Figures de styles et langage imparfait
Pour une prose, un alexandrin ou un sonnet.
Tout n'est que controverse et détournement de la réalité,
Un ornement verbal subjectif mais dûment constitué.

ÉPHÉMÈRE

Jeune infante perdue dans ses songes,
Elle évolue dans un monde de finesse
Fait d'influence et de subtiles promesses.

Elle réchauffe son cœur près de l'âtre flamboyant
Et pense à tous ses moments d'extase
Qu'elle a passé, en compagnie de son amant.

Il est parti un matin, le cœur lourd de souvenirs
Regrettant cette union, refoulant ses désirs
Qu'il a autrefois préféré au détriment de la raison.

Chaque soir que Dieu fait en ce monde,
Elle sent sa présence qui au fil du temps,
Elle se perd dans une chambre inondée d'encens.

Elle laisse parfois s'échapper quelques larmes
Su sa couche, esseulée, en mal de romance,
Et se rend au balcon dévoilant ses charmes.

Elle observe l'horizon d'où émane un infime espoir.
Mais sa vie n'est plus qu'un parfum de roses noires,
Une senteur délicate au demeurant solitaire.

Il ne lui reste aujourd'hui qu'un souvenir d'enfance,
Le sentiment profond que son amour est vain,
Et quelques anecdotes qui frisent l'indécence.

Elle déposa quelques fleurs sur sa couche,
S'allongea tranquillement sans un soupir
Et dans un élan de désespoir, s'y laissa mourir.

FLEUR DE LINCEUL

En flânant devant les grilles du cimetière,
Il ne peut s'empêcher de verser une larme attendrie
Pour celle qu'il considérait comme une amie,
Souvenir d'un amour fragile et de sentiments doux amers.

Il se souvient de ces nuits, la lune comme hôtesse
Où la solitude ne constituait qu'un refuge improvisé.
Il traîne le pas près des tombes où parfois il se confesse,
Ne cherchant qu'un confident, même parmi les trépassés.

Il arrive parfois qu'au dehors un spectre s'étale,
Envoûtant ceux qui approchent de son souffle défunt.
Splendeur surnaturelle, charmante et sépulcrale,
Elle évolue malgré elle entre volupté et chagrin.

Il se souvient de ces nuits où victime de vertiges,
A l'écho fin et plaisant d'une troublante complainte,
Il se sentit défaillir, avant que son cœur ne se fige
Sous les murmures irréels nuancés de crainte.

Il se souvient de cette douceur spectrale, de ses yeux,
De son arôme, si enivrant qu'il en est exquis.
De sa voix sensuelle, chant de brume où elle se réfugie
Pour oublier son reflet toujours majestueux.

Il ne connut d'elle que des faveurs éphémères,
Laissant ressurgir ses désirs impurs.
Sans prétention, elle livre ses secrets obscurs,
Tendre et souriante, ondulante comme son suaire.

Il se laisse entraîner sous de frêles caresses
Et se perd dans des regards au parfum d'éternité.
Il en oublie jusqu'à son existence, profitant de l'ivresse
Et du moment présent résultant d'une conscience ignorée.

Il se souvient de la pâleur délicate, de son galbe spirituel
Qui font d'elle un être froid et éternel.
Il arrive, à l'occasion lorsque la lune est pleine,
Qu'elle déserte sa tombe, préférant la fontaine.

Pour convoler librement loin de sa dernière couche,
Elle éloigne l'image de son cercueil, relique de satin.
Elle n'a pour seul réconfort qu'un prétendant à peine farouche
El la singulière conviction que son amour est vain.

Il se souvient de cette nuit où tout n'était que silence.
Les tombes se sont endormies, à jamais fermées,
Pour ne laisser au simple mortel qu'un adieu sans romance.
Sa consolante au charme funèbre s'en est allée.

DANSE MACABRE

Il arrive parfois, certains soirs d'été
Sous les reflets argentés, lorsque la lune est pleine,
Que l'on aperçoive dans les clairières abandonnées
Des lumières se mouvoir avec sensualité.

En s'attardant un peu, loin des regards indiscrets,
Les privilégiés cherchent à percer le secret
De ces danses macabres, de ces chorégraphies,
Apparents galbes d'intelligences de quelques esprits.

Il n'y a que des ombres à peine perceptibles,
Ou une présence spectrale épanouie, un courant d'air
Conscient de l'appréhension à la vue de son suaire.

Il comprend son état, la forêt son sanctuaire.
Il aime la hantise voluptueuse, en silence
Et se satisfait à stimuler les vivants dépendants de leurs sens.

SOUVENIR D'UN SOIR

Bien malheureux soit le pendu,
Qui du haut de sa potence naturelle
Oscille au gré des vents, même les plus frêles.

Le vieux chêne est rempli de souvenirs
Et bien malgré lui, il accueil les condamnés,
Désolés d'être pauvre, désolés de mourir.

La corde se tend, le souffle est interrompu.
C'est ainsi à chaque sentence,
Les victimes s'éteignent dans l'indifférence.

Les charognards viennent chercher pitance,
Sur les corps démunis sous les branches,
Que la nature fera disparaître sans remontrance.

Et parfois, si l'on s'attarde un peu sous les morts,
On peu apercevoir quelques pousses de mandragore,
Enfantées par la lune et la semence d'un supplicié.

A la nuit tombée, au solstice d'été
La populace fait brûler de l'encens sous le chêne
Pour qu'enfin les esprits soient apaisés.

Tous sont enterrés après plusieurs jours,
Recouverts d'une stèle de marbre noir
Pour ne garder que leur passé d'hérétique en mémoire.

FUTILE HARMONIE

Un petit garçon désolé de n'être que lui-même
Se penchait sur la vie et la condition humaine.
Il cherchait une excuse pour évincer l'intolérance.

Il se considère comme un vagabond sans avenir,
Un visage marqué par le passé, avare de sourire.
Sa vie n'est qu'errance et apprentissage de la vie.

Il fut rejeté à cause de maigres différences.
Il doute parfois du peu de sa volonté
Mais il aime partager son simulacre de liberté.

Prisonnier de ses pensées et de sa destinée,
Il marche droit en essayant de contenter ses envies,
Confronté aux lois d'une réalité altérée.

Subissant de plein fouet l'hypocrisie,
Sans même pouvoir se faire entendre,
Il n'est qu'une victime, ce qu'il ne peut comprendre.

Il aimait sa compagne, ses amis.
Tous ses privilèges lui sont aujourd'hui interdits
A cause de son prochain et de sa quête de profit.

La charité et la pitié ont disparu de son regard.
Il navigue difficilement, essayant de ne pas finir clochard
Mais il refuse d'abandonner ses idées.

Considéré comme un être sans dignité,
Il poursuit son chemin dans l'ignorance
Et ne survit que par opportunité.

Devenu philosophe avec l'expérience de la rue,
Cet ancien nantis à l'anticonformisme reconnu
Regrette cette dépendance qu'il a autrefois perdue.

Il possède un esprit de révolte confirmé,
Opposé aux mouvements matérialistes prononcés.
Il refuse de se fondre dans une société sans moralité.

LE FILS DU VIGNERON

Le paysage se dessine sous un nouveau jour,
Laissant apparaître les vignobles alentours.
Fils de fermier, espiègle et rêveur,

Comme chaque matin accompagné de son père,
Il besogne avec cœur et ardeur
Pour donner vie à leur lopin de terre.

Ils étaient loin des tracas des grandes cités,
Des aléas quotidiens, de ses rues malsaines.
Ils se vantaient d'avoir une vie agréable et sereine.

Il avait une telle soif de découverte
Qu'un jour il en prît baluchon et quitta le foyer.
Il voulut se forger un avenir, une destinée.

Insouciant, il battait la campagne, sans cesse étonné.
Encore innocent du haut de ses seize ans,
Il dévisageait cette merveilleuse idylle.

Son père lui a souvent décrit les dangers de la ville.
Les passants se retournaient sur lui, à peine surpris,
Ses sabots frappaient violemment les pavés.

Ses guenilles n'étaient que des frusques déchirées.
Il se faisait dévisager avec insistance,
Tel un rebut, sans la moindre prestance.

Il visita les faubourgs, les quartiers pauvres
Et fut sollicité par les manants ou les hors la loi.
Il fut convoité par les sans vertu, les filles de joie.

Un an fut révolu avant qu'il ne comprenne son erreur,
Avant de reprendre le chemin du labeur.
Sans le moindre regret ni satisfaction.

Depuis, chaque matin, accompagné de son père
Il besogne avec cœur et ardeur
Pour donner vie à leur lopin de terre.

SONNET POUR UNE CONDAMNÉE

Elle a porté sur le monde un regard nouveau.
Ne s'émerveillant plus de la nature qui l'entoure,
Elle attend son heure, sans espoir de recours.
Elle observe les charpentiers s'affairant sur l'échafaud.

« Je meurs demain » se plaisait-elle à dire,
Et regrette à peine son passé d'adultère.
Elle aborde ses derniers instants avec le sourire
Et frémit sous les effets d'une brise légère.

Une écuelle malodorante posée à même le sol
Pour seul repas, quelques roulements de tambours
Pour la conduire à la mort, vêtue de fins atours.

Un ultime regard sur les bourgeois alentours
Puis la corde se resserre, le plancher se dérobe.
Elle meurt lentement, sous les applaudissements de la cour.

LA COMPLAINTE DU ROTURIER

Il n'est pas avare de travail, un peu malhabile,
Un humble bonhomme à l'avenir compromis.
Son étal, aussi intéressant soit-il, au demeurant futile,
Effleure son regard d'enfant, celui du sans souci.

Une noblesse méprisante se distingue fièrement
Parmi la communauté des petites gens.
Levant la main, parfois contre un affamé,
Ils se croient supérieurs et mystifiés.

Ils ne connaissent que les plaisirs fins.
Ils ont foi en dieu et abusent de la chair.
Conscients de leurs méfaits, de leurs actes sectaires,
Ils ne connaissent ni froidure ni douleur ni faim.

Victime de la peste, la populace affaiblie
Parle de rébellion, d'un mouvement grandissant de révolte.
Ils savent leurs idées inconscientes et désinvoltes
Mais ils n'ont plus rien à perdre, sinon la vie.

Ils sont épris de liberté légitime
Et ne veulent plus vivre sous le joug du régime.
« Un Roy, une terre, deux justices »,
Ils n'ont plus peur du sacrifice.

Y a-t-il bon seigneur en ce royaume orphelin ?
Les prières n'ont plus aucune conséquence.
Privés de leurs droits, il n'est de plus cruelle sentence
Que de choisir le destin d'autrui, juste en levant la main.

Le roturier s'arme de courage et d'un bâton.
Il marche en criant « vive la révolution » ;
En oubliant jusqu'à sa propre raison
Parce qu'il a derrière lui un peuple en ébullition.

ADIEU COLOMBES

Le cœur est une tombe
Lorsque l'amour est étranglé
Par le nombre des années,
Comme l'adieu à la colombe.

Adieu aux moments partagés
Passionnément, avec simplicité.
Les amants, toujours indulgents
L'un envers l'autre, toujours confiants.

Adieu aux soirées, allongées dans le foin
Ils regardent le mouvement des étoiles,
Et parlent des bienfaits du destin.

Ils communiaient avec la nature.
Insouciants, ils jouissaient pleinement
D'une vie sans contrainte et du moment présent.

LA MORT EN DÉSIR

L'âme errante observe les amants enlacés,
Sublimant les corps sur une couche de satin mordoré.
Au demeurant succube, inconsciente de son état,
Elle ne cherche qu'à posséder pour avec la vie renouer.

Elle souhaite retrouver les sensations
Qui de son vivant, exaltaient son désir.
Dépendant du matérialisme charnel, avant de mourir,
Elle fut condamnée à une revenance sous ces conditions.

Elle s'abrite parfois, non loin des ébats,
Profitant de la moindre opportunité pour s'immiscer
Au sein d'un couple au plaisir partagé.

Elle a perdu la notion du temps, de l'extase,
Et espère retrouver les moments de jouissance,
Proche de son linceul, loin de l'esprit de sentence.

AMÈRE SOLITUDE

Elle n'a plus la moindre souvenance
De son passé qui a bercé, o' bien peu son enfance.
Elle cherche des réponses, jusqu'au lieu de sa naissance
Dans les légendes que les mortels passent sous silence.

Ses seuls souvenirs résident en ces terres conquises,
Gagnées par l'épée, souillées par le sang.
Aujourd'hui femme, elle évolue à sa guise
Vêtue d'un voile et d'un linceul blanc.

Elle n'a pas encor réalisé son sort
Et découvre peu à peu sa vie, sa nouvelle mort.
Triste et délicate, elle tremble par peur de l'errance,
Ne sachant pas à qui adresser ses confidences.

On ne peut entendre d'elle que des murmures mélodieux,
Parfois envoûtants, parfois terrifiants, toujours harmonieux.
On ne peut apercevoir de son reflet argenté
Qu'un corps vaporeux, un visage lumineux mais désolé.

Elle rôde au milieu des vieux grimoires,
Cherchant le détail qui lui rendra le sourire.
Qui mettra un nom sur sa tombe de marbre noir
Et lui rendra le passé qu'elle connut avant de mourir.

Elle se souvient et peu à peu, les images défilent
Pour ne laisser que des incertitudes comme asile.
Où son âme, aussi pure soit-elle, en vain se réfugie.
Incomprise en son temps, elle n'est plus qu'un mythe interdit.

Elle garde en elle ce moment près de l'échafaud, à attendre
Son heure avec patience, humiliée, privé de l'inattendu.
Elle a encore l'image de son père, sacralisé puis déchu,
De sa sœur hérétique dont il ne reste que des cendres.

La peur de la vérité a fait d'elle une exclue,
Une entité nostalgique à l'âme perdue.
Recluse dans les ruines de son ancien royaume,
Elle a fait vœux de veiller sur sa tombe sous le dôme.

PHILOSOPHIE DU BOUDOIR

Discrets résidents du boudoir,
Ils festoient et dégustent à foison.
Profitant de la convivialité d'un soir
Pour trouver une courtisane sans appréhension.

Ils font d'un peu de fantaisie,
Un excès de sensualité indéfini.
Ne cherchant qu'à conquérir
Le cœur et le corps d'une belle en désir.

Ils n'ont pour seule philosophie
Qu'une approche approximative de la tentation,
Abusive en volupté mais sans prétention.

Au petit matin ils s'en retournent
Comme s'il ne s'était rien passé,
Attendant la prochaine fois d'un sourire effacé.

DIEU PROPOSE, L'HOMME...

D'un ton précieux, il libère
Le souffle des anges sur terre
Pour parfaire une œuvre unique,
La vie qu'il a souhaitée éclectique.

Il guide ceux qu'il a choisis
En leur disant que tout a un prix.
Il transcende le don de soi,
Même s'il s'agit d'un chemin de croix.

Patient, le geste méticuleux,
Il se cache derrière ses lumières.
Il s'attache à certaines prières
Qu'il a su disséminer, consciencieusement.

D'un simple vitrail, il suggère.
D'un symbole sur une pierre,
Il informe mais avec parcimonie,
Jouant sur des fondamentaux interdits.

Il héberge l'énergie et la volonté
Qu'il transmet dans le temps.
Son dessein est toujours dévoilé
Mais n'use que de brefs compléments.

OÙ EST LA VÉRITÉ

Il se complait dans une serre,
Ne cherchant qu'à s'éloigner
Des humeurs finement délétères.
Son égo apprécie sa spiritualité.

Il se confie souvent, plume habile,
N'hésitant pas à poser sa gnose.
Il aime à relire ses vieilles pages
Auxquelles il attribue une tournure subtile.

Il subtilise la connaissance
Et la modifie à sa guise.
C'est même avec maîtrise
Qu'il en améliore l'essence.

Il évolue avec pertinence
Et à l'occasion, diffuse ses analyses.
Ce n'est qu'un fou avec une conscience
Qui s'octroie la vérité telle une promise.

VISION D'ARTISTE

C'est sur les ponts de Florence
Qu'il apprit la tolérance et l'élégance.
Il croquait les passants, leur prestance,
Qui laissaient échapper leur fragrance.

Il ne signait jamais ses portraits
Et avait peur de la reconnaissance.
Il se disait poursuivi par la chance,
Indécent de tant maîtriser le trait.

Il bénissait chaque jour ses dons,
Prétendant qu'il ne pouvait les monnayer.
Car la moindre rétribution
Avait pour lui le goût du péché.

Il ne répugnait pas à accepter
Ce qui ressemblait à de la générosité.
Il jouait sur la sémantique
Pour préserver une certaine éthique.

Il disparut un matin d'été
Après avoir abandonné son atelier.
Ils retrouvèrent les toiles éparpillées
Et sur le sol une lettre un peu froissée.

« Il est temps de tirer ma révérence,
Mon œuvre ne peut être achevée.
Scrutez l'ordre et les préférences,
Vous saurez ce que la vie m'a demandé. »

PETITE MORT

Chaque jour il parcourt les environs
A la recherche d'un minimum d'inspiration.
Mais en vain, la toile reste vierge, désespérément
Les pinceaux ne s'agitent plus comme avant.

Il se prétend peintre, parfois artiste
Et ne conçoit aujourd'hui que des croquis
Avare de sentiments, froids et tristes.
Il se croyait pourtant en pays conquis.

Il a perdu sa flamme, sa fierté
Et pense que la vie qu'il a menée
N'a été que misère et futilité.

Il ne lui reste que des œuvres fortuites.
Son chevalet n'est plus que cendre et fumée
Et ne portera plus la moindre pensée.

LA COMPLAINTE DU TRÉPASSÉ

Bien malheureux soit le défunt et son suaire
Parcourant les couloirs sombres de sa vieille demeure.
Il regarde les mortels profiter de son sanctuaire
Et reste impuissant devant la mort, peut être une erreur.

Il a honte de sa hantise, et est conscient de son existence.
Il ne cherche qu'un contact, une présence
Pour le réconforter. Il regrette sa vie de contentement,
Oubliant parfois qu'il n'est qu'un revenant.

Il s'essaie à communiquer avec les vivants
Avec quelques oraisons verbales d'une déconcertante sincérité.
Mais nul ne perçoit la complainte du trépassé.

Sauf parfois quelques murmures insignifiants,
Perçus comme un simple courant d'air.
Un souffle défunt et désolé, un esprit errant, hors du temps.

LE MISSIONNÉ

Il avait toujours en mémoire
Les pavés usés de l'église,
Et les dessins soulignés de noir
Sur lesquels il n'avait aucune emprise.

Il se souvient du calice
Et du coffre grossièrement gravé.
Il reste infiniment persuadé
Qu'il avait devant lui l'ultime indice.

Il n'a jamais cessé
De déambuler chaque été,
Avec l'espoir de retrouver
Une icône ou un symbole caché.

Il était néanmoins inconscient
De son obstination maladive.
Il sait que son tempérament
Est parfois source de dérive.

Mais il poursuit fièrement,
Se croyant élite ou gardien.
Il espère de ce monde chancelant
Qu'il lui sera redevable d'un destin.

ENDOCTRINEMENT

Certains jusqu'à sa mort l'ont appelé excellence,
L'ont vénéré comme un demi-dieu et plus encore.
Aveuglés par un excès de générosité, par les apparences,
Ils voyaient en lui un précurseur et un mentor.

Brillant orateur, il captivait son entourage
Pour faire de mortels désintéressés
Des adeptes fanatiques et hypnotisés,
Aseptisés par une nouvelle notion de partage.

Il voulait inculquer son savoir,
Son amour de la spiritualité
Avec une approche personnalisée.

Il disparut accompagné de ses fidèles,
Laissant derrière lui un maigre héritage
Fait de vestiges de pensées universelles.

REGARD D'ENFANT

Traînant le pas du coté des rizières
Il repense à son passé, témoin de misère.
Au service des affres de la guerre,
Il se souvient encor des paroles de son père.

Il regarde les villageois dans les champs
S'affairant comme si rien ne s'était passé.

Il s'agenouille au bord du fleuve, scrutant l'horizon,
Et revoit les corps de ses compagnons.
Ils suivent les courants du fleuve, meurtris et désolés
Parmi les innocents qu'il a tenté d'aimé.

Il a vu son peuple mourir sous ses yeux
Parce que la mort a joué avec le feu.

Les forêts de son enfance n'étaient que souffrance,
Embuscades bien arrangées et conflit d'influences.
Il se prétendait du bon coté de la barrière
Et a tout fait pour protéger sa terre.

Il regarde les villageois dans les champs
S'affairant comme si rien ne s'était passé.

Depuis la fin du calvaire, loin de toute moralité,
Ses souvenirs ne cessent de le hanter.
Ses actes lui procurent moins de fierté
Que cette vie de soldat qu'il a voulu déserter.

Il a vu son peuple mourir sous ses yeux
Parce que la mort a joué avec le feu.

Agenouillé au bord du Mékong, scrutant les rizières,
Il repense à son passé de misère.
Au service des affres de la guerre,
Il repense aux dernières paroles de son père.

« Tu verras qu'il est bon parfois d'oublier la raison.
Tu verras en ces temps troublés, la plus belle image qui soit
La naïveté solennelle d'un regard d'enfant
Sur une terre blessée recouverte de sang. »

TROUBADOUR

Il a chanté la rose et ses senteurs,
La douce chaleur d'un soir d'été.
Il a chanté la vie, les amours inachevés
Et les veillées d'hiver près du conteur.

Il traverse les villages avec insouciance
Et n'en retient que le bonheur de l'existence.
Il fait profiter de son expérience
Aux pauvres gens dont il apprécie la présence.

Il a une âme charitable, jamais avare de générosité
Envers ses semblables, même s'il n'a rien à partager,
Sauf parfois des paroles rassurantes ou quelques deniers.

Il se nourrit du destin d'autrui, au hasard des rencontres
Et compose des mélodies sur sa cithare d'instinct.
Il restitue en quelques vers adoucis la joie ou le chagrin.

RÉSURRECTION

Leur amour, profond et déroutant,
Paraissait inaltérable et immortel.
Rien n'avait d'emprise, pas même le temps.
Ils pensaient que leur union était éternelle.

A la mort de sa compagne, confiant,
Il attendit la fin de l'oraison, patiemment.
Quelques témoins ont pu voir son sourire satisfait
Alors que le cercueil vers sa dernière demeure descendait.

Après la cérémonie il revint au cimetière,
Écartant la stèle, il fit don de son sang
Qu'il déversa avec méthode, minutieusement.

On l'entendit psalmodier quelques incantations
Qui, pensait-il, avaient le pouvoir de résurrection.
A l'aube on vit la jeune femme à nouveau à ses cotés.

L'UNION SACRÉE

Nous festoieront une fois de plus ce soir
Pour sceller notre union nouvelle.
Désir d'indépendance, né d'un vieil espoir
Que les ancêtres alimentaient en querelle.

Terre, droit et vie
Devinrent convoitises et intérêts.
La liberté aussi avait un prix
Mais la populace ne croyait plus aux anoblis désuets.

Ils veulent défendre leurs enfants
Contre les abus des royalistes.
Ils augmentent dîme et gabelle impunément.
Ils se prétendent nobles, donc humanistes.

Seigneurs et vassaux, en pays saxon
Se levèrent pour envenimer les opinions
Que quelques envahisseurs insolents
Délivrèrent aux quatre vents.

Ils prolongèrent les affrontements
Et ont vu tomber leurs gens.
Ils subirent les lames ennemies
Avant de signer un pacte mal défini.

Ils prolongèrent les affrontements dans la vallée
Et ont vu leurs tomber leurs gens, nombreux.
Ils subirent mousquet et lames aiguisés
Avant de signer un pacte présomptueux.

MOINE D'UN JOUR

Bien malheureux soit le moine rebelle
Qui ne savait plus où se situait le monde réel.
Victime de ses propres convictions,
Il n'était plus qu'un reflet d'ecclésiaste en perdition.

Il perdit ce qu'il avait de plus cher autrefois,
A peine quelques idéaux et peu de foi.
Juste parce qu'il voulut imposer sa religion,
Par pure vanité, il en oublia sa dévotion.

Il n'était qu'une victime, hier fidèle
Et quitta son ordre originel.
Il trouva la paix dans un péché
Qui constituait son unique liberté.

Il pensait que les regrets n'étaient qu'une perte de temps
Et préférait profiter des moments présents.
Même si la notion d'éphémère
Lui faisait penser à la misère.

Il entra dans la cathédrale d'un pas assuré,
S'approcha de l'autel, le regard fixe et serein.
Puis il se mit à genoux et présenta l'épée
Qui fit de lui un trépassé au petit matin.

Il répandit son sang sur les marches du chœur
Parce qu'il voulait effacer sa peine de cœur.
Il s'allongea et finalement se laissa mourir
Pour la demoiselle dont il a déjà oublié le sourire.

LE PRIVILÈGE DU MENUISIER

Bien malheureux soit le menuisier,
Qui a passé plusieurs de ses veillées
A tailler dans le sapin ou le noyer
Quelques planches pour les trépassés.

Solitaire, obsédé par un sentiment de bien mourir,
Il recouvre la dernière demeure de son amour.
Il offrit un linceul en satin, une couche de velours,
Imprégné d'un doux parfum, subtil souvenir.

Au moment de refermer le cercueil
Les larmes trahissent, évinçant la raison
Avant de prononcer l'oraison.

Il observe son œuvre avec émoi
Et laisse agir la nature, avant de partir
Lui décline un ultime sourire.

LE FOSSOYEUR DU SANS-SOUCIS

Chaque soir, il vient chercher un semblant de sérénité
Dans le calme et la fraîcheur des caveaux.
Orphelin et ignoré depuis plusieurs années
Il reste seul parmi les trépassés.

Il aime son existence, ceux qui l'entourent.
Il leur parle de sa vie au jour le jour
Faite de menus larcins, sans ressource et sans recours.
Il n'a pour seul bien que ses maigres atours.

Il aime à s'enivrer des vapeurs d'encens
Qu'il diffuse largement dans le cimetière.
Il pense accomplir un acte bienfaisant,
Se sentant privilégié, proche de la lumière.

Il se satisfait de la nuit qui l'environne
Et danse parfois sur les tombes qu'il affectionne.
Jusqu'à ce qu'il entende le chant des possédés
Retentir comme une complainte amère et décomposée.

A chaque nouvel arrivant, il observe la cérémonie
Et dès le crépuscule, s'approche doucement.
Il s'allonge près de la stèle, larmoyant
De joie pour les esprits passés dans l'autre vie.

Son seul talent réside dans le réconfort
Qu'il prétend apporter en soulageant de leurs tourments,
Les quelques défunts devenus résidents permanents.
Certains sans croire, galbe de petite mort.

Il aime à observer, la nuit sous la lune montante
L'humidité suintant sur les murs.
Il est attiré par les cryptes aux profiles obscures
Où l'on aperçoit parfois une ombre, une silhouette vacillante.

Il fut un jour retrouvé comme ceux qu'il chérissait,
Couché sur une tombe sans artifice et sans nom.
Il s'est laissé mourir pour connaître la vérité qu'il désirait.
Mais ne déposa qu'un souvenir, à peine une présomption.

UNE DERNIÈRE PENSÉE

Jeune insouciant en mal de connaissance
Il croyait que la vie était un rêve,
Persuadé que la sagesse effaçait l'ignorance.

Il avait une compagne, frêle et innocente.
Fille du sud, belle et tolérante
Elle voulait son indépendance, sa liberté.

Elle flottait sur un océan de roses.
Fringante jouvencelle, heureuse et épanouie,
Elle aimait son pays et sa vie.

Elle usa de révoltes plus que de raison,
Ne supportant plus son quotidien
Fait malgré tout de privations.

Fuyant les affres de son quotidien
Elle décida de rejoindre le troisième élément,
Et se laissa envahir, oubliant son prochain.

Son ami, désemparé, plus que fidèle,
Les yeux soulignés de larmes, ultime tristesse.
Il ne lui restait qu'un nom gravé sur une stèle.

Il croyait en certaines valeurs morales,
En la bonté et l'humilité.
Mais voulut répandre son sang sur un sol sacré.

LE SENS DE LA PITIÉ

Partisan des causes perdues, de celles qui dérangent,
Il décida de contrer le moindre avis,
De rendre sa dignité à un ange.
Une courtisane délaissée qui arpente les parvis.

Se pliant à toutes les exigences,
Elle refuse aujourd'hui son existence.
Elle a oublié qu'elle est une femme
Et cherche celui qui alimentera à nouveau sa flamme.

Bourgeois de bas quartiers, néanmoins gentilhomme,
Il prit sous sa coupe une rebelle des pavés
Pour en faire une dame du monde, même effarouchée.

Épris de bons sentiments, débordant de volonté,
Il n'eut pas la patience tant elle est différente.
Il laissa ce semblant de demoiselle suivre sa destinée.

VŒUX DE SANG

Créature nocturne drapée de mystère,
S'éveillant lentement à la nuit tombée.
Il incarne une fascination morbide et séculaire
Sous les traits d'un vivant occulté.

Il ouvre son cercueil avec délicatesse et majesté,
Se levant avec assurance, l'air déterminé.
Le regard ténébreux, les doigts longs et effilés,
Il cherche une proie nouvellement égarée.

Il a le teint d'une pâleur sépulcrale
Et apparaît comme un être instinctif, un marginal.
Affublé d'une quête permanente et mortelle,
Il agit sous le joug d'une damnation éternelle.

Errant, dénué de toute moralité,
Froid et solitaire, ermite dévoyé.
Il contribue à la prolifération de sa race
Que les gens considèrent comme une menace.

Il exerce parfois ses canines proéminentes
Sur des demoiselles dilettantes.
Il use d'un regard hypnotique et envoûtant
Pour se délecter, encore une fois d'un peu de sang.

Il représente une anomalie de la nature,
Un hasard de l'évolution à l'âme impure.
Son sourire est hésitant, rare et subjectif,
Accompagné d'un œil exercé, vif et expressif.

C'est un chasseur, buvant plus que de raison,
Un prédateur redouté dans les campagnes reculées.
Il profite d'une existence faite de vestige d'humanité
Pour se consacrer à sa vie et à ses nouvelles conditions.

Il croise parfois le chemin d'un miroir
Et s'attarde éperdument devant l'objet.
Mais il ne réfléchit ni ombre ni reflet,
Ravivant sa peine, circonvenant tout espoir.

Il regrette son état, blâme son immortalité.
Prisonnier de son instinct, de ses excès d'intolérance,
Il espère trouver un jour une délivrance
Qui fera de lui un cadavre bienheureux.

ADEPTES ET SACRIFIÉS

Il a vu son fils s'éteindre sans sourire
Sous les cantiques d'une foule conditionnée.
Victime d'un endoctrinement réfléchi et médité,
Conçu pour évincer l'individualisme et le désir.

La pauvreté rend vulnérables et insignifiants.
Ils se croient trahis, bafoués dans leur foi
Et n'ont pour seul refuge rassurant
Qu'un point de vue spirituel étroit.

Ils n'hésitent pas à sacrifier leurs enfants
Et agissent sans le moindre remord, sans une larme,
Pour honorer une âme impure, un dieu vivant.

Il a vu sa progéniture déguisée en martyr
En attendant impatient, sa récompense,
Une simple imposition des mains pour un dernier soupir.

INDÉCENTE ADOLESCENCE

Ils sont loin les souvenirs d'autrefois
Ou, adolescent amoureux,
Esclave de ses propres pensées,
Il découvrit la féminité du bout des doigts.

Dans les bosquets, camouflé,
Il entraînait d'un œil frivole
Les apprenties, prêtes à s'extasier
Sur les fougères, à même le sol.

Il fut parfois hilare à l'idée du larcin,
Recherchant dans chacune de ses conquêtes une inspiration
Qui faisait de lui un amant d'exception.

Il attirait sur sa couche naturelle,
De l'aristocrate à la courtisane, les jouvencelles
Naïves ou intéressées, parfois comblées.

NATURE MORTE

Il s'imaginait vivant les personnages
Qui s'illustrent dans les portraits.
Il s'approchait de leurs visages
Pour sonder leurs regards de plus près.

Il se sentait épié de tous cotés,
Chaque fois qu'il traversait la galerie.
Et croyait apercevoir des signes de vie
Ondulants sur les tableaux de ses aïeux décédés.

Sceptique par excellence, le doute en hôte,
Il fit de ses toiles un brasier
Qu'il observa lentement se consumer.

Au matin par un songe réveillé,
Il retourna dans la galerie et désolé,
Vit que les tableaux étaient toujours en place.

APPARENCES VIRGINALES

Il est des nonnes, très peu selon l'église
Qui attentives à la moindre sérénade,
Perdent l'austérité qui les caractérise
Pour en secret, tomber le voile sans humilité.

Elles osent, même novices à prendre rendez-vous
Loin du cloître, pour un simple billet doux.
Elles s'éloignent des chapelles, chastes et vertueuses
Pour en revenir au matin, irrévérencieuses.

Elles ne répugnent pas à briser
La loi du silence qu'impose une telle dévotion,
En s'adonnent au verbe, indécentes de volonté.

N'étant plus soumises de leur foi, victimes éternelles.
Elles profitent de la chair et d'une vertu sensuelle.
Sachant où se situent les limitent de l'excessif.

ESCLAVES CONSENTANTS

Ils se prétendent privilégiés
Et n'ont pour seule liberté
Qu'un espace de prière,
Humide et austère.

Ils ont adopté la pensée unique
Sous l'influence d'un maître spirituel.
Évinçant l'individu au profit de l'essentiel,
Ils n'ont pour bien qu'une simple tunique.

Ils sont persuadés que la vie qu'ils mènent
Stimule le charisme de leurs âmes blessées,
Favorisant ainsi le bien être de la communauté.

Certains ont prétendu connaître l'illumination
Touchant du doigt le domaine du divin
Pour prouver et entretenir leur dévotion.

LA FONTAINE DU PAUVRE

Il a autrefois, dans une morne fontaine
Jeté une pièce pour faire un vœu.
Frêle sur ses convictions incertaines,
Il voulait améliorer son destin de miséreux.

Il n'a fait qu'attiser le galbe de sa peur,
En enrichissant d'un geste révélateur
Une eau sombre sans le savoir empoisonnée
Par les résidus alentours, à peine décomposés.

La mort sans cesse, alimente le bassin
Qui accueil les offrandes des inconscients.
Il croyait son acte juste et innocent.

Aujourd'hui mort, son corps inhumé
Nourrit lentement la fontaine du cimetière
Qui jamais ne tarit, grâce aux victimes de la pauvreté.

LES ENFANTS DE STONEHENGE

Elle s'est endormie en un soir d'automne autrefois,
Au milieu d'une assemblée solennelle et de ses lois,
Sur un autel entouré de vieux mégalithes.

On peut entendre au loin les cornemuses qui résonnent.
Elles annoncent un dernier sacrifice aux termes sacrés
Pour célébrer dignement la fin d'une réalité.

 L'on entend parler gaëlique ou celtique.
Les chants se succèdent, mélodieux et nostalgiques
Sous le regard attentif d'un vieillard aux allures de druide.

Les menhirs de Stonehenge se souviennent de cette nuit,
Prémices de la fin d'un peuple fier de ses origines,
Empreintes de légendes qu'ils croyaient divines.

Les menhirs se souviennent encore de cette nuit
Ou les enfants des Thuatas, sous leurs blanches tuniques
Ont étouffé leurs sanglots sous la lune rousse.

Puis les cornemuses au loin se taisent,
Et l'on aperçoit le brillant d'une lame
S'abattre sur le cœur d'une femme.

Les flambeaux s'agitent pour attiser la braise.
Et l'on aperçoit le brillant d'une larme
Sans que la douleur évince son charme.

Les druides s'agenouillent et regardent les étoiles.
Les gens autours, le visage couvert d'un voile
Restent en recueillement devant le bûcher.

Avant de partir, ils recouvrent les cendres d'une étoffe mordorée.
Puis disparaissent à l'horizon, sans se retourner,
Pour laisser la mémoire imprégner la pierre où elle se réfugie.

Les menhirs se souviennent toujours de cette veillée,
Où le destin à choisi de détruire une part d'éternité
Pour ne laisser au temps qu'un héritage incompris.

INFIDÈLES

Elle a flatté plus d'un amant
En donnant ne serait-ce qu'un sourire.
Furtif mais suffisant pour provoquer le désir
Et faire selon son bon vouloir de naïfs prétendants.

Elle a attiré plus d'un amant
Par un verbe aguicheur, un geste indécent.
Elle provoque et exalte l'infidèle
Pour qu'il s'abandonne, insouciant et frêle.

Elle n'a plus aujourd'hui, du fond de son alcôve
Que des jeunes gens en manque d'hospitalité
Et des aristocrates déchus sachant se faire convoiter.

Certains sont passés par le confessionnal,
Pensant être pardonné pour leur péché d'un soir
Vérité indicible sur le plancher du parloir.

LOIN DE MOI SQUELETTE

Son tourment était si profond
Qu'un soir d'hiver, sous le vent
Il resta immobile, machab insolent.
Il s'était mort donné par le poison.

Inhumé dans l'allégresse
Par ses anciennes maîtresses,
Le corsage généreusement ouvert,
Et les bas, jetés, le cercueil recouvert.

Son hommage, des robes fendues,
Défilé sensuel juste un brin indécent.
Et pas une larme pour l'enterrement.

« Regrets ne sont que futilité »,
Puis elles repartent, le cœur en liesse
En disant « loin de moi squelette, profite de l'ivresse. »

LE CRÉPUSCULE DES PAUVRES

Humble artisan, dinandier de métier
Là haut sur la colline, scrutant l'horizon,
Il attend le crépuscule avec une larme immaculée.

Le soleil couché, il s'en retourne tristement,
Laissant libre cours à ses souvenirs.
Il pense à son passé de mécréant.

À sa bien-aimée qu'il a perdue autrefois
Pour avoir fait son devoir de chrétien.
Il voulait être en accord avec l'église et ses lois.

Son nom fut gravé sur un vieux chêne.
Lorsque le jour décline, loin du monde
Il se rend près de l'arbre, essayant d'oublier sa haine.

Elle est morte en un soir d'automne.
Son corps torturé, balancé au bout d'une corde
N'est qu'un trophée lorsque les cornemuses résonnent.

Nul ne clame l'indulgence du clergé
Ni la foi d'un inquisiteur à l'orgueil déplacé,
Sauf peut être les lâches de Kensington.

Ils blâment le dinandier, plus encor ses actes.
Ils le condamnèrent à une exécution sommaire
Une pendaison, sur le chêne en hiver.

Rejeté fut son pardon, refusé sa grâce,
Il agonisa longuement avant le silence.
Son nom fut gravé sur le vieux chêne, lieu de pénitence.

Et chaque soir ils se rendent à la veillée,
Près de l'arbre en essayant d'oublier.
Ils attendent… le crépuscule des pauvres.

IMMOBILE HANTÉ

Il est des soirs en ce monde qui l'entoure,
Pensait-il, paraissaient posséder une âme.
Quelques traits d'humanité, sans atour
Aux yeux des vivants, influencés par l'infâme.

Il croit en l'imprégnation de la mémoire.
Angoissé par ses propres pensées, il s'effraie,
Certain que l'inerte tel qu'il paraît
Est peut être loin de la futilité et du dérisoire.

Il observe son monde d'un œil presque virginal
En essayant de comprendre la hantise.
Il se considère comme un précurseur marginal.

Il a fait du surnaturel un quotidien désuet,
Tentant de démontrer ses hypothèses mais sans effet.
Il croyait en l'âme des natures mortes.

DOUCEUR SPECTRALE

La nuit tombait, le monastère devenait silencieux.
Les ombres se faisaient menaçantes sous le cloaque,
Seul un nonchalant parcourait les lieux.

C'est sous la lune, épris de fatigue
Qu'il aperçut une forme étrange et vaporeuse.
Elle flottait au-dessus du sol, mystérieuse.

Elle restait là quelques secondes, puis disparaissait.
Le jeune moine, partagé entre l'étonnement et le doute
Approcha prudemment près de la voûte.

Aucune trace ne paraissait sur les pavés.
Il attendit que se montre encore une fois l'entité
Et s'arma de patience au milieu d'un corridor.

De l'autre coté du parc, une clarté errante
Se dessina, délicieux galbe de féminité
Qui s'avança vers le moine subjugué.

Une brise légère inonda les visages
Et la nuit devint présage.
Une douce fraîcheur envahit la plaine.

Elle s'arrêta subitement,
Tandis que se précisait son corps luminescent
Pour laisser place à une jeune femme douce et désolée.

Il se fit muet d'admiration
Face au regard de l'entité
Débordante de sensualité.

Reflet de magnificence elle baissa les yeux,
Laissant une larme tomber sur le sol
Puis s'en retourna en d'autres cieux.

Elle disparut lentement pour devenir une ombre
Avant de regarder une dernière fois le novice.
Laissant le parc derrière un clin d'œil complice.

Et chaque soir que Dieu fait en ce monde
Il revient dans les jardins du monastère.
Il espère rencontrer à nouveau l'éphémère.

CHÈRE LIBERTÉ

Elle fait route avec un brin d'olivier
Pour nous offrir une nouvelle liberté.
Cherchant inlassablement le rameau, sa seule proie
Elle est partie un soir d'automne autrefois.

Un homme brisé, fatigué de vivre
Sut préserver une lueur d'espoir.
A l'aide de quelques souvenirs et d'un vieux livre
Il prit soin d'une jeune colombe à l'aile blessée.

Impatient d'assister au départ du frêle volatil
Il veille, sans trop y croire.
Jusqu'à ce que la vie devienne dérisoire,
Il en abandonna tout effort inutile.

Après tant d'attention et de prières
Il assista au miracle de la guérison.
Ses yeux, constellés de larmes, emplis d'émotion,
Ressemblaient ce soir là à ceux d'un père.

Elle fut remise à flot sur un océan de nuage.
Il s'approcha lentement et ouvrit la porte de la cage.
Elle prit son envol d'un battement d'aile hésitant
Pour se diriger gracieusement vers le couchant.

Nul ne peut oublier les quelques souvenirs
Qui sont aujourd'hui les restes de son enfance.
Nul ne peut éprouver plus forte nostalgie
Que celui dont le passé à une importance.

Du haut de ses onze ans, de son innocence,
Il ne put comprendre la perte de sa seule amie.
Une blanche colombe, modèle d'élégance
Disparut au loin, derrière une frontière indéfinie.

Pauvre vieillard, un bâton en prolongement de son bras,
Il a gardé en mémoire son compagnon à plumes
Qu'il a envoyé vers l'horizon en survolant la brume.
Il attend son retour mais jamais ne la reverra.

On dira de lui qu'il est mort comme il a vécu
Ayant tout demandé, n'ayant rien reçu.
Certains le disaient idéaliste, un peu roturier
Parce qu'il fut privé jadis, de son droit à la liberté.

LE TEMPS D'UN REGARD

Elle est assise au bord de l'étang,
Observant son reflet sur l'eau claire.
Elle perturbe les flots de son regard d'enfant.

Pourtant loin de ses souvenirs
Elle repense à son passé, un filet de larme
Ruisselle sur son visage mais sans sourire.

Une enfance voilée par un trait évangéliste exacerbé,
Un goût prononcé pour la démesure,
Sa vie fut entourée d'un excès de luxure.

Éprise d'un patriotisme prolétaire
Elle usa fièrement d'une moralité non sectaire
Pour se consacrer aux gens de la rue.

Loin de ses terres, de ses pairs,
Elle s'imaginait pouvoir vaincre la misère
Et voulait se soustraire à sa vie austère.

Seule, au seuil de la nécessité, indignée,
Elle se découvrit hostile à ce milieu
Et quitta cette population désœuvrée.

Elle revint au pays avec l'expression du pauvre.
Refoulant l'évidence de cette vie qu'elle méprise,
Elle en acceptant les contraintes d'une noblesse soumise

Elle revint s'asseoir sur le bord de l'étang.
Perturbant les flots de ses doigts hésitants
Elle repense aux souvenirs sous son regard d'enfant.

SAINT BARTHÉLEMY

Elle pensait pouvoir apprivoiser ses chimères intimistes.
Ces phobies inaltérables qui font d'elle une incomprise.
Enfermée dans sa chambre, elle cherche une terre promise
Dans cet écrin influencé par quelques traits évangélistes.

Elle tremble devant l'inéluctabilité,
Elle tremble pour la vie de son prétendant.
Priant pour qu'il échappe à une mort préméditée
Simplement parce qu'il est né protestant.

Ils ont versé leur sang parce qu'ils sont nés différents.
Leur conviction était un affront à la morale.
Personne n'a osé prétendre qu'ils étaient innocents.

Elle a compris cette nuit le prix de l'intolérance,
Et décida de renier la foi qu'impose sa religion
En se faisant témoin d'une nuit de sentences.

SONNET POUR UN CLOCHARD

Dans les venelles sales aux lueurs immobiles,
Un vieillard transi de froid attendant le trépas
Garde prêt de lui quelques manuscrits inutiles,
Relatant ses mémoires et sa vie de forçat.

Il regarde ses compagnons d'infortune
A la recherche d'un simulacre d'abri.
Il repense à son passé, aux vieilles rancunes
Qui l'ont mené dans ces faubourgs sans érudit.

Il affichait une spiritualité personnalisée
Qui ne s'accordait pas avec les riches pavés.
Il voulait influencer les variations de son destin.

Il connaissait la vérité mais était avare de révélation.
Avant de mourir il brûla son seul bien
Et emporta son secret en guise de rédemption.

IDENTITÉ RETROUVÉE

Elle prenait des airs de sainte-nitouche
Devant les aristocrates, cherchant l'intégration.
Elle n'était en fait qu'une fille de couche,
Un amusement sans particule en défaut d'éducation.

Elle décida d'influencer son destin futile
Et offrit à son nom la noblesse qui lui manquait.
Pour enfin paraître et ne plus être, fière mais fragile.
Elle pouvait côtoyer le grand monde et ses banquets.

Elle s'inventa une nouvelle notoriété,
Bénéficia de quelques convoitises
Pour profiter d'un minimum de générosité.

Même en exagérant la moindre de ses manières,
Elle ne put que constater qu'elle était loin de la vérité,
De l'extravagance d'une race désuète en mal d'identité.

JACK

Elle faisait partie de ces gens à particule
Qui ne prêtent guère d'attention au monde qui les entoure.
Aux badauds qui constituent la populace alentours,
Aux domestiques et valets sans scrupule.

Elle se paraît parfois de vieux atours
Et quittait le manoir ainsi vêtue,
Pour battre les pavés des faubourgs
Telle une catin, une fois la nuit venue.

On pouvait la voir dans les tavernes malfamées,
Exhibant à qui le veut ses jupons dépareillés.
Le cœur et le corps volage, sans prétention,
Aguichant sans complexe n'importe quel larron.

Elle aimait à exercer son art
Sur une couche de velours noir.
Allongée nue, telle une offrande sur l'autel,
Sa peau de nacre n'en était que plus belle.

De retour au manoir, le jour naissant,
Elle ouvrait son journal et fidèlement
Y relatait ses escapades nocturnes, le sourire léger.
Elle repensait à l'auberge et aux avances du palefrenier.

Ayant perdu terres, titre et fortune
Devenue courtisane, comme ses compagnons d'infortune,
Elle exerçait ses talents au plus offrant de ces messieurs,
Dont certains, parfois ne répugnaient pas à être généreux.

Elle jouissait difficilement de sa nouvelle réputation.
Mais la nécessité l'obligeait parfois à tourner les talons
Face aux aristocrates infidèles, las de leurs privilèges indus,
Prêts à tout pour quelques moments de plaisir défendu.

Elle pensait, l'espace d'un instant,
Qu'elle pouvait retrouver sa dignité.
Grâce à l'attention particulière de son nouvel amant,
Jeune homme de bonne famille, courtois et raffiné.

Sa vie n'était que débauche et perversion
Lorsqu'elle fut retrouvée sur les bords de la tamise.
Victime d'un homme qui forçait l'admiration,
Elle qui se voyait déjà comme sa promise.

Allongée sur la rive du fleuve
Elle ne laissa qu'une maigre preuve.
Écrite en lettres de sang dans un dernier effort,
Un prénom qu'elle savait alors sans remord.

PAUVRE POÈTE

Bien malheureux soit le poète romantique
Qui perdit l'inspiration, pensées impudiques.
Pauvre de lui, de son existence,
En n'ayant plus ni chaleur ni prestance.

Bien malheureux soit le poète
Qui pensait avoir la science infuse.
Il pouvait par l'entremise d'une simple requête,
Appeler à son secours n'importe quelle muse.

Il se présente à demi déprimé
Devant un parchemin à peine froissé,
Une plume immobile près de l'encrier.

Bien malheureux soit le poète
Qui se prétend ainsi par vanité
Alors qu'il ne détourne plus aucune vérité.

INTOLÉRANCE

Il a quitté autrefois la capitale
Pour parcourir la campagne provençale,
Cherchant fortune et gloire en d'autres lieux.

Humble potier, rigoureux et attentionné
Pour lui, l'ombre est aussi essentielle que la lumière.
Chacune de ses œuvres est un appel à l'émoi renouvelé.

Dans un vieux village s'est installé,
Sont art put à nouveau être exercé
Sous les yeux incrédules de la communauté.

N'ayant pas le monopole de la morale
Un villageois dit « Les larmes sont l'honneur des étrangers ».
Mais il avait encore le sentiment d'être isolé.

Ils chantent à réveiller les morts,
Croyants vivre dépendant de leur sort,
Loin de la civilisation et de ses fausses louanges.

Ayant prit goût à la démesure et à l'intolérance
Il proclama devant assemblée « comprendre avant de juger ».
Mais sensibilité n'est pas mère d'indulgence.

Ils refusèrent néanmoins la présence de l'artisan.
Non formé sur les terres de leur clan,
Il fut rejeté puis blâmé.

Privé de ses droits élémentaires,
Il prit finalement le chemin du retour.
En sachant qu'il s'agissait d'un dialogue de sourd.

LIBERTINE

La belle est à ce point farouche
Que vous ne puissiez espérer sa couche,
Pourtant si accueillante aux yeux de ses amants,
Témoins de quelques actes inconvenants.

Il arrive parfois lorsque vient la nuit,
Qu'elle suive les allées du jardin.
A la recherche d'un éventuel concubin
Qu'elle enchantera de ses vers adoucis.

De sa voix sensuelle au timbre velouté
Elle charme plus que poète, les yeux désirables,
Les prétendants impatients un peu effarouchés
Parcourant les lieux sous les feuilles d'érables.

Les statues de marbres se font menaçantes.
Le vent fait danser la brume légère
Sur les arbres confidents qui lui sont chers,
Sur la flore automnale hier chatoyante.

Elle s'en retourne en charmante compagnie
Et s'installe près de l'âtre, sans un bruit.
Elle observe et envisage sa blonde amie,
Délivrant un parfum si doux qu'il en est exquis.

Elles s'offrent sous un déluge de soie et de dentelles.
Les pensées se précisent sur des désirs imprudents.
Leurs mains s'attardent sur des caresses essentielles,
Les regards se croisent entre indécence et chuchotement.

Elles se lassent au bruit des feuillages
Et s'endorment enlacées le cœur volage.
Filles de peu de foi, l'instinct troublant,
Elles traversent la nuit passionnément.

La blonde amie se retire et quitte le domaine.
Les vêtements légers, le corsage généreux,
Les premières lueurs de l'aube se font souveraines
Sur le parc endormi, avare de quelques aveux.

Puis elle se lève sur un élan de sérénité
Et repense, si docile, à sa maîtresse d'un soir.
Son sourire paraît si profondément troublé
Qu'elle en est impatiente de la revoir.

LE BERGER DE SALERS

Il y a longtemps déjà, sur les plateaux du Cantal
On pouvait entendre les clochettes résonnées.
Les aboiements successifs d'un fidèle animal
Et les sabots du berger sur les pavés.

Il entame son ascension et quitte le village.
Ils sont encore loin les verts pâturages
Alors que l'aube n'est pas encore naissante
Il subit les assauts d'une brise virulente.

Et chaque printemps, lors de la transhumance,
Il retrouve ses paysages familiers,
Inondés pas les rayons d'un soleil d 'été.

Il observe son troupeau, assis sur un rocher,
Attendant son crépuscule, tel un souverain.
Il attend de revoir enfin l'étoile du berger.

QUAND LA MORT...

Elle surveille ses âmes, loin des cimetières,
Et menace fièrement mais avec patience.
Envieuse elle se fait garante de l'éphémère
Pour un jour, s'octroyer quelques pitances.

Elle aime son monde plus que de raison
Sous la forme de nouveaux trépassés,
Qui autrefois vivants ont sans désirs succombés
Aux amères plaisanteries d'une vie de tentation.

Du nourrisson au vieillard fébrile
En passant par les innocents et les bons vivants,
Elle prend ce qu'elle veut, sur l'instant,
D'un air pensif et contenté, le regard servile.

Il est toujours mal vu de se donner la mort.
Pauvre de lui le repenti qui, cause de tort,
Sans prétention ne trouva que pénitence.
Le sort lui est acquit mais sans assurance.

Celle du philosophe apparaît sans soucis
Quand son mentor aussi fictif soit-il reste sans voix.
Les pensées s'entremêlent à l'horizon de la folie,
Négligeant leurs tâches et ne préférant pas autre que soi.

Elle se prétend morale, avec un sens de l'honneur
Et offre ses fins services dénués de pudeur.
Elle brandit singulièrement quelques artefacts
Laissant deviner un hôte victime de son pacte.

Elle sait le temps, telle une noctambule avertie
Décidée devant l'éternel, responsable de ses actes.
Agissant le sourire aux lèvres part manque de tact,
La mort reste au long cours, affublée de termes imprécis.

A la nuit tombée, emplie d'intentions raffinées,
Sans jamais faillir, elle s'offre à corps perdu.
Tous ceux qui pensaient être épargnés
Diront un jour « Quand la mort fut venue ».

LE SEPTIÈME VITRAIL

En passant dans la galerie sous la lumière,
Les vitraux livrent leurs intimistes secrets.
Ils offrent aux curieux, un livre ouvert
Sur un sombre passé un rien surfait.

Les scènes se succèdent parfois sans logique,
Du moins apparent, alors ils restent attentifs.
Ils observent les ombres d'un œil admiratif
Pour constater l'œuvre d'un air nostalgique.

Certains ont connu l'angoisse
En détaillant le septième vitrail
Qui menace directement la paroisse.

Il appréhende le fait que certaines prophéties
Prendront un jour la réalité pour refuge,
Lorsqu'un un prêtre souillera le vitrail de son sang impie.

LA TOURNEUSE DE FOI

Elle souhaite défendre un idéal
Avec des idées tumultueuses.
Elle en est devenue inégale,
Dans ses chants aux fins délicieuses.

C'est à foison qu'elle pardonne,
Sous le couvert de brefs cantiques.
Elle manipule les écarts de sémantique
Au travers d'une foi qui étonne.

Elle se targue de préserver
Un panel de valeurs authentiques.
Elle évite avec soin de les évoquer
Par peur du tranchant des critiques.

Elle se sent libre dans ses choix
Et pense qu'elle œuvre avec raison,
Sachant que son sens de la dérision
N'est pas qu'un don de soi.

L'AMOUR A FLEUR DE PEAU

Le vent qui entoure si bien la couche conjugale,
Berce les amants, les endort lentement.
Ils rêvent de jeux interdits, défiant la morale,
Ils rêvent qu'ils s'aiment, comme avant.

Un filet de lumière pénètre dans la chambre,
Laissant deviner la dame blanche, dans le ciel.
Ils s'aiment, partageant quelques baisers au goût de miel,
Allongés, nus sur une fourrure couleur d'ambre.

Il regarde discrètement le sommeil de sa belle
Et se fait gardien de ses nuits, de sa chair rebelle.
Attendant patiemment les premières lueurs du jour,
Pour lui déclarer une fois de plus son amour.

Timidement, le soleil naît sur la cité.
La vie reprend ses droits légitimes, sans hésiter.
Elle ouvre les yeux, croisée de gestes imprécis,
Il respire son doux parfum, extrait de paradis.

La fraîcheur matinale envahit la pièce.
Ils regardent par la fenêtre, semblant d'ivresse
Que de voir les rochers et au loin, la mer
Se retirer fièrement sous quelques embruns amers.

Elle observe le phénomène pour la première fois.
Vêtue d'une robe en velours et d'un voile en soie,
Elle se Distrait à regarder les écumantes,
Et les époux accompagnant leurs élégantes.

Émerveillée, elle descend sur le rivage
Cherchant le contact du sable chaud.
Elle ôte ses souliers, déboutonne son corsage
Et apprécie les saveurs de la plage sur sa peau.

Un tant soit peu scandaleuse, le trait juvénile
Elle parcourt la jetée, le pas souple et agile.
S'arrête pour regarder l'astre faire sa révérence
Comme dans les souvenirs évoquant son enfance.

Assise près du rivage, elle écoute l'océan.
Son ami, derrière elle, le ton galant
Lui dit « je t'aime », lorsque la nuit se fait monotone,
Lorsque d'un fin baiser les regards s'abandonnent.

L'ALCHIMISTE

Il a oublié les bienfaits de la raison
Devant l'impertinence de sa création.
Il a fait confiance au hasard sans appréhension
Et reste fier de son œuvre, imbu de sa dévotion.

Jeune ecclésiaste, il expérimente à foison
Mais sans expérience, débordant d'obstination.
Inconsciemment dépendant de ses convictions,
Il effleure d'instinct les fondements de l'évolution.

Il n'a pour seul étude qu'un grimoire vieillissant,
Un recueil initiatique écrit en lettres de sang.
Il se satisfait pleinement de son unicité,
Convaincu de ses réflexions spontanées.

Il exerce sous le joug de la fascination
Et considère le genre humain comme une exception.
L'isolement l'a éloigné de toute considération,
Il a dépassé les limites de sa propre compréhension.

Il se complait parmi les fioles qui l'environnent
En se nourrissant d'un savoir enivrant, de son essence.
Il se rassure dans cette réalité qu'il affectionne,
Dictée par un apocryphe dont il ne connaît pas le sens.

RUMEURS CRÉPUSCULAIRES

Il était par un attrait naturel,
Obnubilé par la nature étrange des crépuscules d'automne.
Il voulait figer l'instant solennel
Pour ne garder que le surnaturel qui l'environne.

Les formes imprécises dansent sous les lumières.
Incarnant quelques peurs primales
Imprégnées dans l'inconscient de façon vénale,
Elles ne laissent ressurgir que la silhouette d'un suaire.

Il ne cherche que l'ivresse de l'angoisse.
Ne sachant faire la différence entre la vérité
Et ce qu'il pense apercevoir au loin sans vraiment distinguer.

Aujourd'hui reclus, loin de ses expériences
Il tremble parce qu'aussi marginales soient ses pensées,
Il a vu ses sombres rumeurs se matérialiser.

SOUVENIRS OCÉANES

Idéaliste au plus profonde de l'âme
Coureur des flots aguerri, une bouteille de rhum à la main,
Il dérive sur un océan de larmes.

Il navigue sans destination précise.
Dès que le vent s'engouffre dans les voiles de soie,
Son cœur meurtri se rempli d'émoi.

Il entend parfois, par delà l'horizon,
Une mélodie envoûtante évinçant la raison
Jouée par les cordes usées d'une harpe.

Il erre entre deux eaux, calmes et limpides,
N'apercevant que des ombres de continents
Dont il s'approche furtivement.

Mais il revient toujours vers son passé.
Sur une île qui abritait autrefois sa famille,
Sur un lopin de terre luxuriant et déserté.

La clairière de son enfance est gravée dans sa mémoire.
La nature a repris ses droits sur ce territoire,
Même sur le cimetière près de la fontaine.

Trois pierres tombales autour d'un chêne,
Un jardin de roses noires le long du ruisseau,
Lieu de passage obligé du vieux matelot.

Site interdit, lieu de sépulture à la silhouette confuse
Troublé par une brume étincelante
Qui dessine des linceuls et des formes flottantes.

Quelques instants de recueillement au milieu des roses
Puis il reprend le large avec mélancolie, le regard diaphane.
Emporté par une mer aguichante, telle une courtisane.

Il reste sur le pont, passif et indécis,
Las des voyages il ne sait que faire
De cet excès de liberté, de cette fin de vie.

Fatigué de poursuivre un idéal évanescent
Il n'a plus la force de poursuivre sa quête.
Le galion n'est plus qu'un vieillard usé par le temps.

Il n'a jamais trouvé de rives accueillantes.
C'est au couvert d'une nuit apaisante
Qu'il écourta son destin d'une flamme naissante.

Il sombra lentement dans les profondeurs océanes.
Laissant en surface quelques voiles en patience,
Comme un vestige éphémère avant le silence.

CONSCIENCE ÉTHÉRÉE

Elle s'est éveillée avec une nouvelle identité
Et un état d'esprit reflétant la sérénité.
Elle aborde le monde sans vraiment l'influencer,
Loin des tumultes de la vie, elle se découvre, trépassée.

Souvent, elle s'étonne en constatant son potentiel.
Émerveillée par les privilèges qui lui furent accordés,
Elle a assisté à son propre cérémonial devant l'autel
Et ne regrette en rien la perte de son enveloppe charnelle.

Elle n'a pour le moment aucune notion d'éternité
Mais apprend à maîtriser son héritage éthéré.
Elle exerce son pouvoir de suggestion
Sur un environnement prisonnier de la réflexion.

Elle use sans modération de sa liberté
Et a fait de l'irrationnel une institution,
Mettant à profit l'ignorance et les préjugés.
Elle a un goût prononcé pour la superstition.

Elle croyait au bien fondé de son unicité, de sa présence,
Et a compris à ses dépens l'inutilité de son existence.
Elle souhaitait exhiber sa mort pour en faire une évidence
Et prouver qu'il y a une vie après le silence.

Le temps et la solitude ont affecté son jugement.
Elle n'est plus aujourd'hui qu'un fléau errant,
Une entité sans repère, sans conviction
Qui chaque soir s'éloigne un peu plus de la raison.

DUEL

Elle a vu son père, fier
Prêt à croiser le fer
Pour laver l'affront irrévérencieux
D'un prétendant au titre prétentieux.

La galanterie défaillante et désinvolte
Du jeune homme, pourtant bien né,
Envers la demoiselle débordante de naïveté
A développé chez l'offensé un sentiment de révolte.

Ils se sont réunis au levant
Pour confier au destin, le jugement
Qui il espère rendra la dignité à son enfant.

Elle assista au duel et vit son père esquiver,
Habilement les plus fines bottes de l'accusé
Pour finalement faire de lui un trépassé.

INJUSTICE

Quelques nantis affublés d'un sectarisme alarmant
Se réjouissent de leur vie, juste en observant
Les castes inférieures s'octroyer les rues.

Ils se complaisent dans leur écrin de privilèges
Et se contentent d'exister en toute impunité,
Sans le moindre sentiment de culpabilité.

Ils ne connaissent que le futile et la facilité,
Et sont devenus méprisants envers les victimes de la pauvreté
Dont le seul droit est d'être éloigné de l'inutile.

Toujours est présente, l'envie de révolte,
Parmi ces gens à l'esprit marginal et désinvolte
Dont le seul but est d'affirmer leur identité.

Ce simulacre de liberté pèse sur leur existence.
Ils tentent de survivre avec quelques restes
Généreusement offerts mais par inadvertance.

LES LARMES D'HÉLOÏSE

Elle a tenté de noyer ses larmes de brume
Dans un verre d'absinthe à peine sucré.
Elle affichait sa transparence mais de manière posthume
Et avait compris ce jour, la condition désincarnée.

La résignation a fait d'elle une entité,
Philosophe à ses heures, esclaves de ses pensées.
Elle a joué avec les vivants, usant de son existence
Pour provoquer les cartésiens par sa simple présence.

Elle aimait semer le doute chez ces gens de foi
Et les matérialistes assis sur leurs convictions.
Certains ont nié le phénomène autrefois,
D'autres sont tolérants mais bâillonnés par la dévotion.

La mort a de multiples avantages
Que la raison ne comprend pas.
Avec l'expérience elle abusait de son état
En jetant son sourire en présage.

Elle offrait parfois quelques confidences sur le guéridon
De quelques spirites en quête de révélations.
Elle aimait à animer les veillées des initiés
Qui pensaient être à l'origine des manifestations éthérées.

Elle a oublié le plaisir du simple contact
Et cherche à renouer avec ses sens perdus.
Elle stimulait son environnement, conscientes de ses actes,
Mais elle attend toujours de toucher au défendu.

Elle n'a plus aujourd'hui la moindre compassion
Et l'espièglerie à fait place à la convoitise.
On entend parfois au manoir, dans les bas-fonds
Tomber furtivement les larmes d'Héloïse.

IMMORALITÉ LATENTE

Il fut un temps ou la solitude était sienne,
Où la vie n'avait plus aucun intérêt.
Il fut un temps ou la tristesse était reine,
Où le moindre émoi devenait rapidement désuet.

Son errance dans ces rues obscures
N'était que brimades et parjures.
Le vagabondage était devenu son quotidien
Parmi ces humains aux visages un peu canins.

Sa vie ressemblait à une longue déroute,
Au milieu d'une communauté en mal d'identité
Qui refuse les sentiments d'une âme dissoute
A cause de préjudices, pères d'immoralité.

Il se considère comme un philosophe sentimental
A l'esprit de révolte marginal.
Il n'a jamais autant proclamé sa sincérité.

Il est désolé de vivre dans un environnement d'opinions,
Dépendant de quelques rumeurs sans fondement,
Il n'accorde plus sa confiance, par soucis de conservation.

LE FOSSOYEUR

Il était solitaire dans l'âme, avare de confessions
Et n'avait à ce jour, jamais pensé à son devenir.
La populace avait peur de lui, de son sourire.
Un regard expressif qui dévoilait la moindre de ses intentions.

Muet comme une tombe, il demeurait discret.
Sans descendance, il était le dernier de sa lignée.
Il préservait jalousement son jardin secret
Et préférait la compagnie de ceux qu'il a enterrés.

Fossoyeur aguerri, chaque soir il visitait ses protégés
Et appréciait leur profonde sérénité.
Il ne voyait en eux qu'un souffle de générosité.

Aujourd'hui trépassé, il est allongé sur un linceul de velours.
Les villageois ont condamné le cimetière
Pour laisser le fossoyeur se changer en poussière.

MANIFESTE DE LA MISÈRE HUMAINE

Elle n'a jamais oublié son passé, emplie d'insouciance.
Les jours sombres qui ont fait de son adolescence
Le manifeste de la misère humaine telle une sentence
Infligée comme à un martyr en pénitence.

Elle ne peut oublier les affres du destin
Qui n'offre ses maigres faveurs
Qu'avec retenue, dans un sentiment modérateur.
Il regarde les hommes essayant de se frayer un chemin.

Elle ne peut oublier la peur,
Les charniers qui ont imposé en son enfance
La maturité prématurée évinçant l'innocence.
Elle faisait de sa vie un îlot empli de saveurs.

Elle ne peut oublier les nuits sous les miradors, à trembler
Transi de froid, espérant revoir le jour se lever.
Elle entendait parfois les cris rompre le silence
Et alimenter le sommeil avec insistance.

Elle ne peut oublier l'hypocrisie et l'indécence.
Toutes ces années qui ont fait d'elle une femme
Et n'ont épargné, par négligence,
Que quelques rescapés à qui on a volé leur âme.

LE PARFUM DE L'OS

Elle est entrée dans l'église en bohème.
Insignifiante en apparence, néanmoins charismatique,
Juste pour écouter une dernière fois les cantiques
Avant son jugement devant la Vehme.

Elle se sait condamnée, trahie par son propre sang.
Nul souvenir n'en résulte, pas même son rang.
Malgré cela, elle reste sereine devant ses enfants,
Ignorants accusateurs au regard insolent.

Ils ont oublié le sens du pardon,
Leur vie se résume en quelques oraisons
Dictées par le chant des morts, il résonne
Comme les échos mélancoliques qu'ils affectionnent.

Devenus orphelins par manque de raison,
Ils n'ont comme réconfort que des prières.
La sensation qu'une âme familière
Et insistante plane sur leur horizon.

Elle était pourtant de noble souche
Mais fut considérée comme une hérétique.
Elle embaumait les pourtours de sa couche
Avec les ossements de ses amants ecclésiastiques.

LA POTIÈRE DE MONTMARTRE

Elle faisait preuve d'une finesse inégalée
En exerçant ses doigts sur un lingot d'argile.
Elle avait un don pour donner vie et façonner,
En toute simplicité le terre encore fragile.

Elle usait de son talent avec modestie,
Ne recherchant en ses diverses poteries
Que la fierté engendrée par ses créations.
Elle leur prêtait parfois quelques émotions.

Son savoir-faire étonnait encor les villageois
Qui chaque jour, s'attardaient devant l'atelier
D'un regard envieux et intéressé.

Aujourd'hui disparue elle n'a laissé en souvenir
Qu'une échoppe sans vie, témoin d'une époque prospère
Et une enseigne qui oscille toujours sous la porte cochère.

L'APPRENTI LIBERTIN

Il se souvient de son adolescence au manoir,
Lorsque la gouvernante servait le thé dans le boudoir
Avec pour seul atour un gant de soie
Et des chaussures de vair ornées d'une croix.

Il se souvient de ces moments passés
A observer à travers les serrures.
Les soirées libertines, les couples illégitimes enlacés
Et la jouissance des courtisanes dont il apprécie la cambrure.

Il retire une fierté modérée de son apprentissage
Et parfait sa discrétion pour améliorer sons champ de vision.
Il ne fait que bénéficier sans aucune appréhension.

Il n'a de cesse aujourd'hui de harceler les servantes.
En espérant partager son semblant d'expérience
Et faire de ses domestiques des esclaves consentantes.

REGRETS ÉTERNELS

Il ne put lui avouer ses sentiments
Et pourtant ils sont en lui, bien présents.
Elle a essayé de lui parler sans retenue
Mais il n'a écouté que ses illusions perdues.

Sa présence n'est pas toujours appréciée,
Surtout par la plupart de ses relations.
Elle a volé une partie de sa liberté
Même si elle n'en avait pas l'intention.

Il lui est arrivé de noyer son chagrin dans le champagne,
En se disant qu'elle ne pouvait plus être sa compagne,
Juste l'exquise esquisse d'un amour platonique.

Elle a parfois versé des larmes de protestation
En usant d'un sourire malicieux, troublant,
Suggérant de ne pas juger sans raison.

GÉNOCIDE VÉGÉTAL

La feuille tombe et virevolte
Sous la brise, sa confidente.
Elle lui apporte une douce pente
Lorsqu'elle se montre désinvolte.

Elle n'a pas choisi
De quitter son nid.
Mais elle était préparée
A être un jour décrochée.

Elle ignore ce qui l'attend,
Si elle pourra s'y reposer.
Sans peur, elle approche lentement
De celles qui l'avaient précédée.

Elle regarde aux alentours
Et ne reconnaît pas les couleurs.
Elle aperçoit au loin les fleurs,
Mais rien qui ressemble à l'amour.

Elle se pose sur un sol isolé.
Un rayon de soleil pour escorte
Qui illumine cet endroit desséché
Où gisent ses sœurs, feuilles mortes.

EN QUÊTE D'ÉTERNITÉ

Elle s'est présentée devant les portes de l'abbaye
En espérant bénéficier de quelque hospitalité.
Elle avait, sans le savoir, troublé la sérénité de la communauté.
Même si elle n'a voulu que le gîte et le couvert pour une nuit.

Juste asile et protection, sans excès de générosité.
Elle faisait l'objet de ragots et de chuchotements.
Vêtue d'une noire pèlerine, le visage caché,
Elle embaumait l'atmosphère de son charisme envoûtant.

Pourtant étrangère elle semblait connaître les lieux.
Les moines sentaient en elle une aura insaisissable, familière.
Elle demeurait farouche et restait à l'écart des religieux
Pour préserver son âme des tentations de la lumière.

Elle trouvait un intérêt particulier à écouter les murs
Et semblait agir sous l'influence d'une volonté inaltérable.
Elle a passé la nuit à chercher dans l'obscurité et la froidure,
Dans les entrailles de l'édifice, qu'ils devinaient redevable.

Elle n'a trouvé son sommeil qu'elle souhaitait dernier
Que dans son vieux cercueil, dans une crypte oubliée,
Enfoui au cœur de sa terre natale
Dans les méandres des catacombes abbatiales.

PROMISE DÉCHUE

Elle fut admise à la cours,
Attisant volontairement les convoitises.
Elle savait attirer les regards alentours
Et montrer qu'elle pouvait être une promise.

Elle a échappé, peut être par chance,
A la rue et au destin des miséreux.
De la populace et des lépreux
Engeance qu'elle méprise à outrance.

Elle n'avait pour seule fierté que de fins atours
Et sa nouvelle vie encensée par la volupté.
Elle se sentait protégée par cet écrin de velours
Et profitait pleinement de cet environnement velouté.

Elle affichait une réputation de courtisane
Qui nourrissait de nombreuses rumeurs, parfois justifiées.
Elle fut discrètement évincée de cette enclave civilisée
Et reconduite aux portes de la cité, incompatible profane.

Depuis ce jour elle arpente les faubourgs et les pavés
Et s'attarde parfois devant les opulentes propriétés.
Elle regrette amèrement son immoralité
Qui a fait d'elle une fille de couche inconsidérée.

DÉCHÉANCE MORALE

Elle prêche les hautes sphères de la réflexion par l'isolement,
Transcendée à l'extrême par ses méditations.
Elle diffuse ses encens sur son environnement
En espérant atteindre les sommets de la perfection.

Elle effleure parfois son idéal spirituel,
Exempt de tout concept matérialiste.
Elle a une vision archaïque qu'elle prétend élitiste
Et ne veut en préserver que l'essentiel.

Elle s'immisce parfois dans des manuscrits
Et des parchemins dont elle ignore le sens.
Elle s'est inconsciemment perdue par inexpérience
Dans une spiritualité profilée par des textes interdits.

Elle a tenté d'amenuiser son ignorance
Par des bribes d'informations sans importance.
Elle pense que son art exalte les voies de la conscience
Et affirme son identité dans la persévérance.

Elle n'est plus qu'une ombre effacée,
Une entité sans conviction, sans personnalité.
Elle a compris trop tard les bienfaits de la diversité
Et le fait que son raisonnement dévisage la réalité.

LA MÉCRÉANTE AU GANT DE VELOURS

Son destin lui pesait comme un fardeau.
Fille d'un Roy déchu, blâmé par ses vassaux.
Son père se meurt, agonisant de faim et de froidure
En léguant terres et titres à son unique progéniture.

Elle voulait échapper aux obligations inhérentes
A sa noblesse, regrettant parfois son identité.
Elle est aujourd'hui la dernière de sa lignée,
Issue d'une famille dénuée de moralité, la dilettante.

Elle a renié les fondements de son éducation
Et sa particule, symbole de déchéance.
Elle a quitté le confort précaire et les convenances
Pour s'immiscer non sans appréhension.

Elle s'imprégnait de la populace qu'elle méprisait
Simplement parce qu'ils sont nés différents.
Elle n'avait ni l'allure ni l'esprit d'un mécréant
Et sentait tous ces regards qui la dévisageaient.

Reconnue par ceux que son père avait abandonnés,
Elle fut conduite devant l'autel pour expier ses péchés.
Elle n'avait de cesse de clamer son innocence,
Chaque vérité la rapprochait un peu plus de sa potence.

LE GARÇON ET LE BAMBOU

Il tenait dans sa main
Une baguette de bambou
Qu'il avait cueillie au matin,
Sur les bords d'un ruisseau fou.

Encore vert et plein de sève,
Il n'avait pas terminé son rêve
Lorsqu'il fut arraché
A sa famille décontenancée.

Il battait le vent
Et les êtres imaginaires.
Même si c'était contraire,
Il trouvait cela charmant.

Il sentait les forces environnantes
Et prit goût à ces conditions
Qui n'étaient pas si contraignantes.
Il crut qu'on lui offrit un don.

Il se lassa rapidement.
Il abandonna son compagnon
Au milieu des herbes et des chardons
Avant de s'éloigner chantant.

Il se dévoila, plus qu'inutile
Après cette tranche de vie.
Trop courte, finalement futile,
Il regrette de s'en être réjoui.

LA RÉDEMPTION DE LUCIFER

De sa main il forge la roche,
Laissant sa marque, où il veut.
Il jurait qu'un jour il fut proche
De celui qu'il appelait Dieu.

Il aime imposer son nom
Dans les campagnes les plus reculées.
Il fait preuve de beaucoup d'attention
Pour que ses intentions ne soient dévoilées.

Il a parfois laissé sa griffe
Comme témoignage de son passage.
Mais c'est toujours d'un air pensif
Qu'il envisage ses présages.

La colère l'emporte souvent
Sur sa conscience immodérée.
Mais il soigne sa réputation d'antan,
Heureux d'être une relique du passé.

Ce qu'il ne peut obtenir en cieux,
Il l'exauce de ses propres vœux.
C'est un indifférent capricieux
Qui considère le pardon comme un jeu.

Il se délecte de n'importe quelle hérésie,
Mais le temps a changé sa vie.
Il souhaitait ardemment la réorienter
Pour obtenir isolement et tranquillité.

CEUX QUI SONT MORTS VOUS SALUENT

Il a vu les bougies s'éteindre
Sans que le moindre vent
Ne vienne contraindre
Ces lieux inconvenants.

Il a senti dans les miroirs
Les reflets aux traits inconnus.
Des visages quand vient le soir,
Il exaspère devant chaque imprévu.

Il perçoit parfois dans son lit,
Un souffle froid, une main posée
Qui entreprend des gestes précis,
Comme une caresse ou un drap déposé.

Il a tenté plusieurs fois
D'oublier ces contretemps.
Mais l'environnement se fait roi
Et influence les mouvances du présent.

Il a un jour osé penser
Qu'il était à l'article de la folie.
Ils le considéraient comme un ami
Avec qui ils partageaient leur intimité.

Usant et abusant de l'inattendu,
Ce lieu respirait la vie.
Il le voulait livide et abattu,
Un trophée, les restes de son esprit.

ISOLEMENT DE LA PENSÉE

Il dessine des losanges
A longueur de journée.
Il croit cette forme éthérée,
Capable de faits étranges.

Il officie dans une matrice,
Obsessionnelle mais étonnamment réfléchie
Que les gens autour de lui
Considèrent comme un caprice.

Il se sait atteint par la folie,
Et entretient non sans raison
Cette complaisante association
Qui le fait passer pour un érudit.

Autrefois victime d'ingérence,
Il n'a su que s'enformer
Dans une réflexion sans importance,
Une forme archaïque de la pensée.

Il poursuit sa voie,
S'infligeant un point de vu étroit.
Il profère que sa plume, pourtant stérile,
Est source d'une énergie volatile.

DÉSILLUSION FÉODALE

Il caresse son cheval,
Se disant avec conviction
Qu'il doit abandonner les raisons
Qui le poussent vers un faux idéal.

Il a cherché dans les landes,
Monts et Vals, toutes les pistes.
Mais aujourd'hui il se demande
Pourquoi son cœur insiste.

Il souhaite oublier cette quête,
Ne croyant plus en rien.
Il avoue lui-même sa défaite,
Face aux caprices du quotidien.

Il a pourtant les indices,
Des preuves, du moins les prémices.
Il s'en retourna, l'âme bredouille,
Saturé par la foi et la fouille.

Il prétend désormais
Que ce vase n'est qu'une légende.
Une mise à l'amende
Pour un curieux secret.

UN ANGE, UN AMOUR, UNE ERREUR.

Il avait perdu ses ailes
A trop vouloir suivre une voie.
Il ne pouvait plus vivre sans elle
Et voulait redevenir ange, comme autrefois.

Il était plus indépendant
Que la plupart de ses congénères.
Il n'arrivait pas à satisfaire
Toutes les doléances des humbles priants.

Il perdit au fil du temps,
L'universalité de ses sentiments
Au profit d'un amour exclusif
Devant lequel il devint chétif.

Il vénérait à cœur perdu
Cette humaine naïve aux traits juvéniles.
Il ne vit en elle qu'un être fébrile,
Source vive d'un amour défendu.

Il fut éloigné de cet éphémère bonheur
Et ne voulut se résigner.
De ses plumes fut délesté,
De son malheur naquit une lueur.

Il ne retrouva jamais le chemin.
Errant, avec pour seul destin
Qu'un souvenir, une émotion,
Une souffrance issue d'une passion.

UN JOUR, UN IDÉAL

C'est dans son « précis »
Qu'il déposa sa propre vie.
Celle qu'il ne possédait
Qu'au travers d'un rêve imparfait.

Il évoluait avec la certitude
Qu'il allait transformer son univers.
Il voulait passer d'une ère trop prude
A une situation réelle et sincère.

Il croyait défendre des valeurs
Qui seraient répandues un jour.
Il prônait l'abolition de la peur
Et effectuait même quelques détours.

Éclectique dans ses arguments,
Il semblait à l'écart du temps.
Son esprit différent et fragile
N'était qu'une évolution inutile.

Mais il ne pouvait comprendre.
Il mesurait son savoir non reconnu
Qu'il pensait à jamais perdu
Pour les générations cœur de cendre.

IMMORTEL ?

Ilot de chaleur en aisance
Sur une rivière complaisante,
Il ne laisse pourtant que peu de chance
A ceux qui remontent ses pentes.

Jamais inactif, il grandit,
Joue avec la nature.
Il sait se montrer indécis
Lorsqu'il est bienvenu de conclure.

Il est à craindre mais respectueux,
Même s'il aime montrer sa colère.
C'est d'un pas, presque majestueux
Qu'il concrétise ses sentiments à la terre.

Il se laisse aussi apprivoiser
Pour mieux se dévoiler.
Et comme élan de générosité,
S'ouvre parfois sous un ciel étoilé.

Il reste timide et réservé,
Incapable de livrer son âge.
Il se refuse à aborder l'éternité
Et change régulièrement de visage.

UTOPIE TEMPORELLE

La science infuse prend de l'envergure,
Dans un monde en mal de sagesse.
L'être évolue, accablé par la tristesse
Et des pensées inconnues, trop obscures.

A grand renfort de fléaux,
La route se trace peu à peu.
Elle se montre en fardeau
Pour défier les gens des cieux

Il regarde les démarches du temps,
Provoquées par un saint provoquant.
Il a fait de la vie un état honteux,
Et du destin, un chemin sinueux

Il croyait pourtant en l'harmonie
Mais c'est la nuit qui servit de décor.
Loin de la vallée, voilée, la mort,
Aime à concocter de nouveaux paris.

Il marche sur des cendres refroidies
Et a déjà oublié l'essentiel de son passé.
Il prétend que sa foi, saveur d'immortalité,
Evincera sa pénitence sous une leçon d'esprit.

LA VOIE PERDUE

« La nourriture se fait rare, adieu festin. »
Diront-ils en pensant au lendemain.
Ils subissent leur quotidien,
Avec une idée précise du déclin.

Le pardon devient une coutume obsolète,
Les chants n'existent que dans les cœurs.
Ils ont fini de vivre avec la peur,
Préoccupés par leur vie d'ascète.

Ils souhaitaient la bénédiction
Pour remplacer l'ignorance,
Et par quelques incantations ;
Ils tentent de provoquer leur chance.

Ils cherchent des sentiers
Pour rejoindre les églises.
Mais les recueils ont cessé d'exister
Tout comme la terre promise.

Ils veulent retrouver des sentiments
Pour empêcher le grisonnement
De leurs pensées imprécises,
Subtil mélange d'orgueil et de convoitise.

APRES L'APOCALYPSE

Idéaliste au plus profond de l'âme,
Navigateur averti, le rhum à la main
Il dérive sur un océan de blâmes,
En tentant d'évincer son chagrin

Il va, sans destination précise
Mais apprécie le vent dans ses voiles
Son cœur desséché cherche les étoiles
Pour y retrouver sa promise

Il entend parfois, par delà l'horizon
Un chant mélodieux, musique enivrante
Jouée sur une harpe fuyante
Qui requiert toute son attention

Il sait à qui est cette complainte.
Tel un errant, loin de chez lui,
Il vogue sur un cap imprécis,
Sous le vent et ses étreintes.

La clairière de son enfance
Est encore dans sa mémoire
Mais il ne lui reste de ce territoire
Qu'un souvenir, une présence

Trois pierres tombales autour d'un chêne,
Un jardin de roses noires comme ornement
Dont les fragrances, au couchant
Finissent d'engendrer sa peine.

Il ne veut que quelques instants.
Juste une minute de recueillement
Avant d'entamer son dernier voyage
Se donnant à la mer, à la mort sage

Mais il ne retrouva jamais son îlot
Et sombra corps et bien sous les flots
Son amas de bois et de toiles déchirées
Ne voulut poursuivre cet idéal insensé.

UNE MINUTE AVEC SOI

La vie se réduit à une succession
De joie, de peines et de pardons.
Pourtant toujours il se relève
En se disant « c'était peut être un rêve ».

Il se retrouve éloigné
De ses propres pensées,
A suivre un idéal insensé
Parce qu'un jour il a aimé.

C'est libre qu'il est possible de suivre
Un chemin qui ne fait que commencer.
Celui qui lui apprit à survivre,
A fermer ses blessures passées.

Il attend la mort sans trembler.
Il l'appelle mais elle ne vient pas,
Alors il avance vers le trépas,
Celui de l'âme, plus que de l'incarné.

Il est son propre sanctuaire,
De ses principes, il reste prisonnier.
Ne voyant en autrui qu'un mystère
Qu'il est parfois utile de dévoiler.

Mais il envisage de bousculer
L'ensemble de ses habitudes,
Evinçant ses fausses certitudes,
En redécouvrant la valeur de la sérénité.

LA VALEUR DU VOYANT

Il faisait toujours le premier pas
Pour afficher ses complaisances
Et attirer, en ouvrant ses bras,
Les résolus, amateurs de voyance.

Il avait toujours la main agile
Pour sortir les lames assassines.
En quelques paroles faciles,
Il œuvrait pour le bonheur ou la ruine.

Il se disait humble et bienveillant,
Lorsqu'il se trouvait en face
De ceux qu'il nommait les gens,
Qui croyaient en ce praticien efficace.

Il avait pourtant une réputation
Très proche du charlatan,
Mais toujours proférée sans raison
Par les insolents et les non croyants.

Il se moquait des formules des menteurs.
Et pensait que sa notoriété
Devait rester une simple rumeur,
Seule garantie pour exercer avec sérénité.

Il laissait la plupart de ses consultants
Juger ou non ses propres valeurs.
Car toujours au loin reste l'ignorant
Qui réagit en toisant malgré sa peur.

SUR UN BANC

Seul, assis sur un banc,
Il regarde passer le temps,
Les oiseaux impatients
De goûter au printemps.

Posé, le regard un peu bas,
Il écoute les innocents,
Les bruits des pas qui résonnent
Comme un chant monotone.

Il ne sait pas vraiment,
S'il est mort ou vivant.
Il n'a plus qu'un esprit transparent
Qui a oublié ce qui est important.

Survivre ne l'intéresse plus,
Il se fait éternellement absent.
Pour ce monde, il est perdu,
Mais un privilégié pour ce banc.

Il se fait fuyant
Pour éviter tous ces gens.
Désormais, il joue les insouciants
Mais toujours face au vent.

Pas une larme, pas d'amertume,
Juste les souvenirs de sa plume,
Et la conviction profonde mais intime
Que tout ceci ne peut être que légitime.

PARFUM DE NOSTALGIE

Elle sent le parfum des roses,
Même heure chaque jour.
Lorsque le printemps se décompose
Elle s'imagine submergée par l'amour.

Elle croise, lors de ses promenades,
Quelques balcons qui, sous leur sourire,
Laissent présager de vieilles sérénades,
Lorsque le soleil offre à la lune son empire.

Elle aperçoit parfois une ombre vacillante
Dont le galbe fait penser à un prétendant,
Qui jamais ne se lasse de délivrer ses chants
A celle qui jeta son gant d'une gestuelle enivrante.

Elle n'est plus qu'une idéaliste,
Une rescapée d'un autre temps.
Elle voit désolée, la mine triste,
S'enfuir le siècle des élégants.

Elle préserve ses souvenirs,
Et s'étonne de voir mourir
Les valeurs et la morale bienséante,
Le raffinement qui rendait sa vie captivante.

CŒUR DE PROFANE

Il est à la fois profane
Et membre de l'église anglicane.
Il profite d'une hérésie spirituelle,
Accablante et source de séquelles.

Étrange ami que celui-ci,
Se montrant à demi endormi
Pour voiler son potentiel,
N'en dévoilant qu'une infime parcelle.

Il est infiniment patient
Et sait faire preuve d'humanité.
Parce qu'une réflexion même suggérée
Vaut mieux qu'aimer et faire semblant.

Il est passionné de théologie
Et admet qu'un saint écrit
Peut contenir des erreurs
Par manque de rigueur.

Il refuse de se plier aux exigences
D'une simple croyance
Qu'il croit mal interprétée,
Issue d'une tradition déjà trop éloignée.

DEUX EGOS POUR UN

Il est adepte de sa propre conscience,
Ne mettant jamais en doute sa confiance.
Il pense que l'ego est une chimère
Inventée pour justifier la prière.

Il se sait né du divin
Mais n'en revendique pas les liens.
Parce que même un créateur
Ne peut réparer ses erreurs.

Il admire la dévotion
Mais uniquement chez autrui.
Il pense que son pardon
Vaut bien celui d'un dieu impuni.

Croisant parfois les regards,
Il sourit face au hasard,
Persuadé que seule sa raison
Est source d'humilité et de compassion.

Il observe à l'occasion les gens charitables
Offrant ce qu'ils ont de plus misérable.
Ils attendent chaque fois une reconnaissance,
Même de la part des enfants en déchéance.

Il s'efforce de mettre en avant, une personnalité
Que la plupart des gens considèrent comme un défaut.
Il joue avec finesse d'un charisme nuancé
En pensant que sa présence est déjà un cadeau.

BRAS-DROIT

Il vit les anges-gardiens
Fuir le royaume des cieux
Pour suivre un demi-dieu,
Un itinérant sans chemin.

Il fut longtemps à ses cotés,
Pour lui, presque une éternité.
Pour son maître, juste un amusement
Qui n'avait rien d'influent.

Il s'est brûlé les ailes
Sur les brasiers éteints mais à demi ;
Parce que son esprit frêle
Était au fait de son destin mais sans l'envie.

Illusoire et tout autant dérisoire
Était sa détermination.
Face à un ange dans sa prison
Qui s'appropriait honneur et gloire.

Il fut patient et attentif,
Sans comprendre que même la lumière
Sous un affublement approximatif
Pouvait user d'arguments délétères.

DE MÉMOIRE DE CHASTELAIN

Il était de sang noble
Et a pourtant quitté ses vignobles
Pour rejoindre les rangs des jacqueries,
Malgré les médisances et les moqueries.

Il tint sa fourche fièrement
Parce qu'il pensait que son rang
L'obligerait à protéger ses gens,
Qu'ils soient forgerons ou paysans.

Malgré son acharnement et sa volonté,
Il ne passa jamais pour l'un d'eux.
Il ne délaissa jamais le lys, faute de mieux
Mais se retrouva ainsi condamné.

Il fut rejeté par les mondains,
Haï par ceux qui mourraient de faim.
Il tendit une corde devant sa cheminée
Avant de faire un dernier geste désespéré.

Il laissa sur son guéridon, un rouleau de parchemin.
« J'ai tenté en vain de vous tendre la main
Regardez ce que vous avez fait de votre allié
Et contemplez maintenant votre destinée. »

APRÈS LA MORT

Chaque soir, il regarde les siens s'endormir,
Sans pouvoir les toucher, les sentir.
Il regrette aujourd'hui de n'être qu'un revenant,
Incapable dans son état, de consoler ses enfants.

Il pense parfois respirer de l'air ou ressentir la faim.
Même si son autre corps n'est plus que poussière,
Il n'est pas encore adapté à son environnement
Et se surprend à faire les mêmes gestes, quotidiennement.

Il essaie de communiquer, parfois de se montrer.
Et malgré ses efforts acharnés,
Il sait qu'il ne fait plus partie de ce temps.
Incapable d'en contrôler les éléments.

Il a maintes fois tenté de quitter cette maison,
De trouver ce champ de brume permanent.
Il a compris bien tard les raisons
Qui font de sa mort un isolement.

La demeure est depuis longtemps désertée.
La solitude et la colère sont désormais sa réalité.
Il n'est plus qu'une ombre, une simple entité
Qui a perdu la foi au profit d'un instinct exacerbé.

JUSTE HUMAIN

Il use de son pendule avec fierté,
Cherchant la vérité dans les vieux murs.
Il prête parfois l'oreille pour quelques murmures,
A la recherche d'un indice ou d'une identité.

Il pose sa main et ressent les vibrations
Qu'il prétend être celles des disparus,
Car la dernière demeure n'est souvent qu'une prison.
Y compris pour les âmes qui se croient perdues.

Il lui arrive de percevoir des tranches de vie,
Des souvenirs passés, meurtris par le passage ;
Engouffrant peu à peu les esprits dans l'ennui
Sans espoir de revoir un jour leur vrai visage.

Il a fait de sa vie une quête perpétuelle,
A l'affût d'une réponse à la mort.
Eternel insatisfait, il sait que son sort
Dépendra de la confiance d'un éternel.

Enfin posé après plusieurs années,
Sa philosophie n'est plus qu'incertitude.
Le doute a fait de lui un être résigné
Qui ne croit plus en sa propre étude.

L'ATALANTE

Trois voyelles et trois consonnes
Pour un prénom qui résonne
Avec force et douce Lumière,
Au point d'en oublier la mer.

Elle est consciente de son pouvoir
Sur le corps, sur la mémoire
De quelques âmes exilées,
Sur une terre d'accueil inappropriée.

Elle fait chavirer le cœur
Aussi facilement que l'esprit.
D'une voix sortie de l'infini,
Capable de faire disparaître les peurs.

Elle parcourt le monde avec discrétion,
Avançant entre de simples plaisirs
Et ses profondes convictions
Issues d'un ancien empire.

Jamais indifférente, elle libère
Énergies et émotions sincères,
Jusqu'à influencer la vie
Et en dévier le chemin défini.

Elle effleure son environnement
En diffusant son parfum envoûtant
Qui en ce monde s'est incrusté
Pour au moins deux éternités.

AU MILIEU DES ANGES

Je les ai surpris, esquissant quelques sourires,
Disant qu'ils n'avaient rien d'autre à m'offrir.
C'est ainsi que j'ai embrassé la cause des ailés
Après y avoir trouvé une source de liberté.

Dire que je serais à jamais dévoué
Constitue un lourd péché,
Aisément réorienté par des guides influents
Qui ne tolèrent que la vie et le présent.

Autrefois dans les bras d'une ombre,
J'ai longtemps compté mes heures sombres,
Avant d'apercevoir enfin les éthérés
Enlacer mon âme et l'accompagner.

Tant de déceptions et de désillusions
Ont sillonné le cours de mon temps
Que j'en avais oublié le pardon,
Au profit d'un spirituel isolement.

C'est éloigné du charnel
Que j'ai découvert l'humilité,
Et la douceur d'une entité
Au milieu des anges un peu rebelles.

FINES ÂMES

A quoi bon suivre la voie
Qui mène à l'indifférence,
Lorsque l'ont fut présence
Bien avant de recouvrer la foi.

C'est libre, en souffle désuet
Que l'ont évolue en ce lieu.
Non divin, pourtant parfait
Qui n'abrite aucun précieux.

Que de fines âmes dont le principe vital
Se répand inlassablement
Dans les méandres de l'astral,
Avant de disparaître lentement.

Que d'immaculés autrefois perdus
Sur une enclave à peine isolée,
Tombés pour avoir défendu
La vie et ses affluents éprouvés.

Tous ont retrouvé les cieux
Et ce doux vent familier,
Qui confère à l'éternité
Un parfum limpide et délicieux.

ÉOLIA

J'ai senti son souffle défunt m'envahir,
Au point de me faire chavirer corps et âme.
Détachée et libre mais non sans désir,
Sur moi s'est posée sa douce flamme.

Elle n'était pourtant que volupté.
Je l'observais souvent, marchant sous la brise.
Elle souriait aux anges, frêle et insoumise
Derrière son voile aux reflets velouté.

J'ai pu la rejoindre autrefois,
Fébrile et malgré tout serein,
Ne sentant que son émoi
Et la délicatesse de son parfum.

Elle n'a connu de son univers
Que les minces filets de lumière.
Certaine de ses valeurs immatérielles
Ont apaisé sa vie qu'elle savait éternelle.

Elle a tenté d'ouvrir son cœur,
Ne sachant pas comment le préserver.
Elle pensait avoir le droit d'aimer,
Juste pour goûter une fois au bonheur.

Elle n'est depuis, jamais revenue.
Sauf dans mes fugaces pensées
Qui fond d'elle un souvenir privilégié
Avec au fond de moi un espoir défendu.

CŒUR DE LUMIÈRE

A chacun d'éloigner l'austère,
Laissant place à la prière
Et aux humbles frères
Qui font plier l'enfer.

C'est avec foi et parcimonie
Qu'il faut vivre l'infini.
C'est ainsi que l'on oriente son destin,
Faisant face, sans dévier du chemin.

Nul besoin du paraître
Il faut simplement « être »
Et s'élever à l'abri du superficiel,
Laissant venir l'universel.

La finalité de l'existence
N'a jamais eu que l'apparence
D'un vaste préjugé
Qui n'a rien d'une réalité.

Libre est celui qui erre
A travers la pensée du sage,
Parce qu'à cœur de lumière
Il adjuge de bons présages.

CADEAU DU CIEL

L'on entend au loin, le chant
Des anges insolents
Supplier plus que prier
Pour retrouver une saine éternité.

Leurs voix résonnent sans écho,
Afin de libérer de leur fardeau,
Les charnels empressés
De connaître la vérité.

Parfois indiscrets, ils dansent,
Guidant âmes et conscience
Sans le moindre jugement,
Parce qu'ils aiment impunément.

Jamais ne se forcent à répliquer
Aux nombreux égarés
Dont la vie eut autant de sens
Qu'une mort sans errance.

Ils abritent la connaissance
Sans la diffuser à outrance,
Seulement au plus méritant
Des anonymes méditant.

LES FACÉTIES DE PLATON

Ce fut mon dernier printemps
Ou je vis les colonnes se briser,
Avant de quitter la cité
Cette fois sans me retourner.

J'ai abandonné les valeurs
Qui maintenaient notre unité.
Je me suis hâtivement effacé
Devant l'éphémère et sa peur.

Et sous les eaux, nous avons perdu
Tous ceux que nous aimions.
Noyés pour une cause inattendue
Que nous appelions dévotion.

Je n'ai jamais eu le temps
Pour un dernier regard,
Ne laissant à mon égard
Qu'un souvenir évanescent.

J'entends encore les voix des innocents
Résonner par-delà le chenal,
Démunis face aux éléments
Loin de chez eux, de leur cristal.

EN DEHORS DE LA LUMIÈRE

Ils ont libéré les croyances,
Tels des déchus sans prestance,
Ne souhaitant que l'égarement
Dans l'esprit des nobles sangs.

C'est dans l'indifférence
Qu'ils ont enluminé,
Non sans maîtriser
Les rumeurs de leur ascendance.

Ils ont tenté d'œuvrer
Dans la lumière,
Mais n'ont réussi à partager
Qu'un principe éphémère.

Par de simples suggestions,
Ils ont usé de compréhension
Sur leur être profond
Et n'ont trouvé que déception.

Même une soutane brune
Ne peut soulager l'esprit
De ses nombreuses lacunes
Dont le seul prétexte est d'être incompris.

LA TENTATION DE L'ANGE

C'est un soir de solstice, en été
Que je vis un ange
A l'aura un peu étrange,
Au loin se présenter.

C'est déployé, les ailes opportunes
Qu'il m'a promis la fortune.
Il me tendit la main
Pour évincer mon chagrin.

Je n'oublierais jamais son visage,
Qui reflétait bien plus le présage
Que les principes inhérents
De ses frères au manteau blanc.

C'est ainsi que j'ai gardé ma douleur,
Préférant attendre mon heure
Plutôt qu'une récompense de valeur,
Commettant ainsi une seconde erreur.

Mais c'est plein de joie que je reçu,
Lorsque que ce faux déchu
Prit un regard lumineux, plein d'attentions,
Satisfait que je n'eusse pas succombé à la tentation.

RÊVE TANGIBLE

C'est d'un seul cri
que nous sommes partis,
Sur ces rives accueillantes
Couleur de menthe.

Nous avons cru au paradis,
Devant cette lande infinie
Qui nous offrit sans attente
Eau et nourriture abondante.

Le rêve fut fini au réveil de midi,
Découvrant pourtant quelques fruits
Déposés par une âme bienveillante.
Était-ce un rêve ou une vie latente ?

1666

Il s'agenouilla de stupeur
Devant les cendres de la cité.
Il ne put retenir ses pleurs
Lorsque le jour fut à peine levé.

Il se souviendra toujours de cette nuit
Où les flammes, vivantes et insaisissables,
Suivirent une ligne sacrée comme une envie
De voir disparaître reliques et retables.

Il s'étonna de ne compter aucune victime
Et de voir la voie du feu traversant les quartiers.
Le diable s'offrit alors une prime,
Guidant le feu sur des églises fragilisées.

Ils profitèrent vainement de la tamise
Et de son eau qu'ils appelèrent providence.
Mais Londres, improbable promise
Se laissa illuminer avec impertinence.

Malgré leurs longues prières,
Ils ne purent contrer l'enfer.
La chaleur des braises se fait parfois sentir
Lorsque la nuit fait revivre ce souvenir.

C'ÉTAIT UN RÊVE

C'était autrefois, un matin d'hiver
Où il la vit peu à peu s'éloigner,
D'une voix raisonnable, toute en sincérité
Malgré un amour empli de pureté.

Il lui promit de respecter son choix, ses envies.
Même si enfoui au fond de lui,
Il eu peur qu'elle disparaisse de sa vie
Et souhaitait éviter le moindre défi.

Pourquoi « aimer » s'accorde t'il avec souffrir ?
Alors que pour elle, il aurait pu mourir.
Leurs cœurs n'ont peut être vécu qu'un doux rêve
Dont elle représentait merveilleusement la sève.

A nouveau, il doit réapprendre le destin
Et ses failles un peu trop profondes.
Pourtant il aurait tant voulu lui tenir la main,
Une dernière fois avant que l'obscurité l'inonde.

Il apprit à détester l'éphémère
Et à chérir quelques savoureux souvenirs.
Mais quoi qu'il arrive sur cette terre,
Elle fut pour lui plus qu'un empire.

Nul regret, nul chagrin,
Juste un lendemain
Qui n'existe plus,
Un amour perdu.

DÉCEPTION

Il avait un gout prononcé
Pour le verbe et la romance
Qu'il manipulait avec insistance
Auprès des promises attentionnées.

Il avait le sens de l'infidélité
Et un esprit un peu naïf.
Il se montrait, malgré son péché,
Toujours habile et persuasif.

Mais il ne faisait que rêver,
Car toutes ses assemblées
L'écoutaient par charité
Lors des ennuyeuses soirées.

C'est ainsi qu'il apprit la nouvelle
Et plaça sa propre stèle.
Avant de s'y laisser mourir,
Déçu de n'avoir fait que divertir.

DESTIN BRISE

Elle parcourut un long chemin
Pour se rendre auprès de l'autel sain.
Elle voulait pour la dernière fois,
Prier pour éprouver ses restes de foi.

Elle resta un moment dans le chœur,
Avant de s'agenouiller le regard baissé.
Devant une idole qu'elle croyait sacrée
Jadis, avant que ne fane son cœur.

Elle repense à son ami, secrètement,
Qu'elle a laissé autrefois mourant
Sur le seuil de cette même chapelle,
Sur le seuil du sommeil éternel.

Elle fit quelques pas en pensant à l'éternité,
Espérant que la mort puisse tout effacer,
Elle croyait sa vie justifiée
Et souhaitait rejoindre enfin les éthérés.

Elle n'a plus ici-bas que des souvenirs.
Mais leur amour ne devait être rompu,
Elle posa les mains sur son cœur éperdu
Et dans un ultime soupir se laissa mourir.

Elle a choisi d'écouter sa raison
Plutôt que la voix d'un amour fragile.
Elle a quitté ce monde qu'elle croyait hostile,
En pensant retrouver une nouvelle passion.

Elle a fait couler son sang
Sur un autel drapé de blanc
Qu'elle a souhaité sacré,
Persuadée que son acte n'était pas un péché.

Elle est restée seule dans l'église
Essayant de sentir les âmes,
Avant d'oublier qu'elle fut promise,
Avant de toucher du doigt sa fine lame.

Elle fut retrouvée agenouillée,
Le regard triste mais sans vie
Par un ami indécis et désolé
De pas avoir su lui dire « oui ».

Elle fut enterrée sans prestance, au petit matin
Dans sa longue robe de sang et de satin,
Seul cadeau de son dernier prétendant,
Regrettant de ne pas lui avoir avoué ses sentiments.

HÉRÉTIQUE

Elle n'a jamais pu quitter
Son vieux carrosse délabré,
Où elle est morte envieuse
Lors d'une nuit froide et pluvieuse.

Elle n'a jamais su pourquoi,
Certaines rancunes d'autrefois
Ont fait d'elle une étrangère
Apportant rumeur et misère.

Elle attend toujours avec espoir,
Devant sa tombe quand vient le soir
Qu'un souvenir soit ravivé
Afin qu'on vienne lui pardonner.

Après avoir subi l'éternité,
Elle se sait malgré tout oubliée.
Elle reste triste, sans pouvoir pleurer
Sur sont sort et son passé.

IMMORALITÉ RELIGIEUSE

Elle a vu la mort et son sourire
Se moquer de son geste désespéré,
Avant de tomber d'un dernier soupir
Dans ses bras fins et intéressés.

Elle se savait déjà condamné
Et a préféré, par dignité,
Quitter cette vie sans avenir.
Même en sachant qu'elle devait souffrir.

Mais elle regrette aujourd'hui son geste.
Désemparée de voir que son éternité
Ne ressemblera pas à la félicité,
Simplement parce qu'elle s'est suicidée.

Elle a pourtant tenté de se racheter.
Mais la mort lui a refusé
Pour l'avoir à jamais à ses cotés,
Devant ce calvaire qu'elle aime observer.

Elle a sombré depuis bien longtemps,
Comprenant, malgré son acharnement
Qu'elle ne reverra jamais la lumière,
Pas même avec une prière.

LA PATIENCE DES ANGES

J'ai éprouvé la patience des anges
Avec un regard un peu étrange.
Ils se sentaient peut être incompris
Mais ne dévoilaient aucun mépris.

Les cieux se sont plus d'une fois,
Révoltés par manque de foi
Contre les vivants irrespectueux
Et les beaux-parleurs prétentieux.

Ces ailés ignorent, mais préfèrent
Qu'ils ont quelques sombres frères.
C'est ainsi que la plupart espèrent
Échapper par dévotion, à la misère.

Certains, vaniteux moins qu'envieux
Animent volontairement la tentation.
Ils aiment provoquer le pardon
Et le regret de quelques actes injurieux.

J'ai souhaité un jour leur déchéance.
Mais à trop faire preuve d'impatience
J'ai vu grandir ma propre malchance,
Ne pouvant rivaliser avec ces instances.

2012

Il a vu le soleil se lever
Sur une terre désolée
Où résident, la poussière
Et une odeur particulière.

Il a vu le monde se transformer,
Sous les traits d'un cimetière
Où même les vieux suaires
N'osent plus venir flotter.

Il a vu une race supérieure
Mettre un genou à terre
Et s'incliner par peur
De quelques arguments délétères.

Certains savent que l'injustice
Ne viendra pas des sages.
Mais sous formes de présages
Qui deviendront nos préjudices.

La mort viendra frapper aux portes.
Et Dieu contemplera d'un air satisfait,
Juste avant que le diable l'emporte,
Nous laissant seuls avec nos secrets.

La vie est à l'image de l'univers,
Sans doute un peu éphémère.
Mais chacun ne voit que sa propre misère,
Incapable de briser cette frêle frontière.

C'est ainsi qu'ils ne sauront réagir.
Mais il ne suffira que d'un simple soupir
Pour qu'ils connaissent la liberté
De voir avant la fin, l'unique réalité.

JUSTE UN PARDON

C'est sur les rives du fleuve
Qu'elle vient se reposer,
Essayant vainement d'oublier
Qu'elle est désormais veuve.

Elle se morfond dans ses pensées,
Regrettant presque ce passé
Où elle n'était qu'une servante,
Parfois libre et amante.

Elle passe encore devant les grilles
De ce domaine devenu ruines.
Maudissant ses anciens maitres et leur fille,
Elle sent à chaque fois que son âme décline.

Elle évite le cimetière et ses alentours.
Ne pouvant plus supporter cette sépulture
Qu'elle alimente par sa désinvolture,
Sombre mensonge, autrefois amour.

Elle n'a souhaité qu'un bref pardon
Pour un geste simple et du poison.
Fautive et victime, elle pleure,
Espérant ne plus sentir battre son cœur.

JUSTE UNE NUIT

Il était peut être plus sage
D'oublier un singulier présage.
Mais il a accepté un curieux chantage
Afin de toucher son doux corsage.

Il a été surpris par le coté sensuel,
Procuré par quelques gouttes de sang
Lorsque d'un baiser fusionnel,
Il devint moins ami qu'amant.

Il se souvient de ses doigts hésitants,
De son souffle subtil sur sa peau,
Se faisant esclave juste un instant
Savourant cette nuit, les yeux mi-clos.

Elle bougeait dans un amas de voiles
A moitié nue sous les étoiles,
Le laissant contempler son corps
Parfois recouvert d'un filet d'or.

Enlacé, sentant sa chaleur, son parfum,
Elle a su l'hypnotiser lentement
Par de fines caresses jusqu'au matin,
Le laissant presque mourant.

C'est sur un rêve qu'il l'a quitté,
Gardant comme un précieux souvenir
La saveur de ses lèvres galbées
Et ces envoûtants moments de plaisir.

LA MARIÉE DES EAUX CALMES

C'est en suivant cette rive
Qu'il aperçut en dérive
Le corps flottant et sans vie
D'une belle aux traits imprécis.

Elle portait encore le voile transparent
Qui la promettait à l'autel.
Et ses gants aux contours de dentelle
Qui n'avaient plus rien de blanc.

Il savait qu'elle avait franchi le pont
Par un élan de conviction,
Pour échapper au déshonneur
D'une existence de labeur.

Il observa longuement son visage
Et se surprit ce jour à aimer.
Comme un doux présage
Auquel il n'aurait jamais pensé.

Il se défaussa de son habit
Ne méritant plus d'être abbé.
Il dissimula au mieux la trépassée
Espérant de son dieu, qu'il ne soit trahi.

Mais il ne connut que cet amour
Et se laissa mourir sans détour,
Prétextant qu'il était plus sain
De la rejoindre avant le matin.

L'ÂME

Elle observe les âmes s'affairer,
Virevoltantes, attentionnées
Envers les nouveaux trépassés
Qui ne connaissent pas encore l'éternité.

Elle se croit en dehors du temps,
Peut être dans un simple rêve.
Elle ne perçoit que la sève
De cet univers, malgré tout persistant.

Elle ne sait pas encore
Qu'elle vit désormais sa mort,
Se retrouvant parmi des errants
Au regard vide et indifférent.

Elle commence doucement à saisir
Qu'elle fait partie d'une réalité.
Libre de voir et même de sentir
Qu'elle n'est plus qu'une entité.

Et c'est avec un profond désarroi
Qu'elle imagine désormais sa solitude.
Elle sombre vers un nouveau prélude
Dont elle ne retrouvera jamais la voie.

Son salut dépend de sa foi.
Elle peut encore retrouver l'émoi
Si un ange lui accorde un regard,
Elle n'aura plus à avoir peur du hasard.

À SON INSU

C'est en humain qu'il foule cette terre.
Espérant enfin dépasser ces frontières
Qui font de l'amour un douloureux passage
Ou une bénédiction en forme de présage.

Il en existe une, bien plus subtile
Qui reste gravée dans sa chair
Et dans son cœur sorti de l'enfer,
Comme une marque indélébile.

Elle a fait reparaître la lumière
Sur un océan d'amertume et de solitude
Qu'elle a transformé en prélude,
Lorsque de ses larmes, il ne put se défaire.

Elle n'a besoin que d'un instant
Pour que qu'il se sente vivant.
Sous son regard se cache une vérité
Qu'aujourd'hui il est prêt à affronter.

Il voudrait à nouveau sentir sa chaleur
Et savourer la pureté de ses formes,
Juste avant qu'elle ne s'endorme,
Observant cet ange, reflet de douceur.

Même si un jour, elle doit s'effacer,
Il gardera à jamais le souvenir
Qu'elle a laissé sur un morceau de papier
Et le fait qu'il a été fier de lui appartenir.

De sa voix il ne se lasse,
Et dans ses bras il se prélasse.
Au point d'être hypnotiser
Et sans s'en rendre compte, l'aimer.

LOIN D'AILE

Il fut ange, bien plus que saint
Et se surprit à tendre la main
A ceux qui n'en avaient pas besoin.

Il devint alors simple mortel,
Sans satisfaire l'éternel
Qui lui refusa ses ailes.

Il rejoignit les enfers
Mais même Lucifer
Voulut s'en défaire.

Par curiosité il visita le purgatoire.
Mais il ne supportait pas de voir
Ces âmes qui avaient oublié de croire.

Il accepta finalement son destin
Et se posa tentateur d'humains,
Juste pour leurs rires ou leurs chagrins.

COURTISAN ET INCONNU

Il l'appelait « ma mie »,
Mais n'avait rien d'un ami.
Elle ne souhaitait qu'un oubli
De ce pauvre indécis.

Il usait de termes imprécis
Qui le rendait touchant.
Mais ce fut juste suffisant
Pour être moins qu'un mari.

C'est bien malgré lui
Qu'il fut vite desservi
Par sa fougueuse jeunesse
Et son éternelle maladresse.

Il ne trouva jamais promise.
Même chez les mondaines
Qui pratiquaient la courtise
Et toujours sans peine.

Il prit donc la décision
De disparaitre sans prétention,
En sachant que ses intentions
Furent perçues comme un affront.

L'EAU DES TRÉPASSÉS

C'est au milieu d'une rivière
Qu'elle fut promptement abandonnée.
Sur une barque endommagée
Qui devait être son cimetière.

Elle regardait défiler
Les flots agités,
En espérant échapper
A son destin de noyée.

Elle devint autrefois un fardeau
Sur de simples rumeurs ;
Parce que son pauvre cœur
Se surprit à aimer un badaud.

La famille ne supporta l'affront
Et la déposa sur une embarcation,
Préférant vœux d'oublier son existence
Parce qu'elle ne supportait pas l'indépendance.

Depuis ce jour, elle a su préserver
Les liens qui l'unissaient par le sang.
Elle apparaît chaque nuit, tel un revenant
Pour affiner son destin, peut être par vengeance.

LES FRUSTRÉS DU CIMETIÈRE

Ils ont cherché, fouillé la terre,
Les anciens emplacements
Autrefois recouverts du sang
Des frustrés du cimetière.

Ils souhaitaient purifier ce lieu
Pour ne plus revoir les sourires.
Ni cette noirceur au fond des yeux
De ceux qui ne voulaient pas mourir.

Ils ont versé de la sainte eau
Autour des tombes profanées,
Même en sachant que le sceau
Ne pourrait jamais être brisé.

C'était une nuit froide et humide.
Les cadavres bien alignés,
Attendaient leur sort, livides
Sous un ciel embrumé.

Pourtant au matin du jour suivant,
Les portes étaient toujours verrouillées.
Et toutes les tombes refermées
Entourées par quelques traces de sang.

L'INDÉCIS

Il a enfin trouvé la tombe
De celle qui encore autrefois,
Voulut une blanche colombe
Gravée sur sa stèle de bois.

Elle avait un goût prononcé
Pour la révolte et l'impertinence.
Elle cachait son irrévérence
Derrière un regard effronté.

Il a apprit ce qu'était l'amour,
A regarder son corps et son cœur
Se mouvoir lentement, avec douceur
Sous les lueurs du petit jour.

Mais il n'a fait que l'apercevoir
Sans jamais comprendre son désir.
Et c'est en hiver, un sombre soir
Qu'il préféra la laisser partir.

Seuls les regrets sont encore présents.
Et quelques profonds sentiments
Qu'il n'arrive pas à oublier
Malgré le nombre des années.

LE PACTE

C'est un soir sous la lune
Que j'ai reçu le sceau d'un déchu.
Comme une sombre rune
Sur mon âme désormais perdue.

J'ai senti le regard de l'enfer
Se poser lentement sur moi,
En connaissant le désarroi
De ne pouvoir m'en défaire.

C'est depuis, sans conviction
Que je salut les anges au loin.
Espérant un peu de compassion
Et peut être un nouveau chemin.

J'essaie d'oublier que ma place
Est réservée depuis longtemps,
Parmi les âmes éparses
Interdites au firmament.

Je me suis souvent levé
Avec des marques subtiles,
Une peau meurtrie et gravée
Malgré une protection, au demeurant futile.

Même les guides m'ont abandonné
Préférant voir une vie sacrifiée.
Ils attendent de voir mon esprit se repentir
Mais je ne leur ferais jamais ce plaisir.

J'ai aperçu le diable et son sourire.
Silencieux, au charisme troublant
Me disant d'un air patient
« C'est demain que tu vas mourir ».

QUAND J'ÉTAIS PRÊTRE

J'ai ordonné quelques messes
Avec des psaumes périmés.
J'ai fait de nombreuses promesses
En prétendant que c'était la vérité.

Pourtant, beaucoup se sont réfugiés.
Dans les bras de ma philosophie
Que la plupart des théologiens avertis
Désignaient comme une honte personnifiée.

C'est en moins de cent jours
Que j'ai transformé le chœur.
Pour développer le véritable amour
Chez des fidèles habitués au malheur.

J'ai accepté sur mes bancs
Des hérétiques et des excommuniés,
Démontrant enfin avec humilité
Le sens du mot tolérant.

Je croyais être lié à Dieu,
Plus qu'à un clergé frileux
Qui m'a pressé de dire adieu
A tous ceux à qui j'ai promis les cieux.

RÉSIDENCE SECONDAIRE

Il se sent un peu à l'étroit,
Malgré une couche matelassée
Et une bonne odeur de bois,
Très présente mais presque velouté.

Il fait un peu trop sombre,
Au point de ne pas voir son ombre.
Mais a choisi ses conditions
En disant que ce n'est pas une prison.

Il voulait dormir dans son cercueil
Sans provoquer le moindre deuil.
Et c'est pourtant sans réfléchir
Qu'il s'allongea avec le sourire.

Un petit vent de folie
Traversa son esprit.
Il comprit mais un peu tard
Qu'il mourut la veille au soir.

APATRIDE

J'ai souhaité mourir un jour
Et suivre les ombres pour toujours,
Pour m'éloigner enfin de ces gens
Qui apportent souffrance et jugement.

J'ai réclamé ma part au diable.
Mais je senti dans son regard
Que malgré tous mes écarts
Je lui serais à jamais redevable.

La mort elle-même m'a rejeté,
Et insinua que mon existence
N'avait pas la moindre importance,
A cause d'un manque d'humilité.

J'ai voulu sentir les bras de Lucifer
Prendre en main ma destinée.
Et c'est d'un seul souffle sépulcral
Qu'il m'a dit de graver seul ma pierre tombale.

Alors je me suis tourné vers Dieu
Qui m'a accepté bien volontiers.
Et pourtant, d'un air suspicieux
Je lui ai demandé de m'oublier.

UNION ÉTERNELLE

Elle est apparue dans sa robe blanche
Se tenant belle et rayonnante.
D'un pas serein, la main sur la hanche
Elle avait pourtant le regard d'une impatiente.

Elle n'a pu oublier ce jour
Où elle a dit oui pour toujours,
A celui que son cœur avait choisi,
A celui qui a fait d'elle une épanouie.

Elle a vu l'amour renaître en son âme,
Comprenant qu'elle était devenue femme.
Et qu'elle serait comblée de bonheur
Avec chaque jour la même saveur.

Ils ont partagé quelques baisers
Avant de s'épanouir lentement,
Avant d'échanger une goutte de sang
Afin que leur union soit scellée pour l'éternité.

VERS ELLE

Vers elle, ses pensées sont tournées
Elles s'entremêlent allègrement
Avec un doux sentiment
Venue d'une profonde amitié.

Elle a changé le cours du temps
En apaisant leur quotidien,
Oubliant un peu le jeu du destin
Même si ce ne sont que quelques instants.

C'est avec ce savoureux regard
Et ses sourires séduisants
Qu'il apprécie ces moments,
Espérant chaque fois la revoir.

Sous ses airs d'effrontée,
Elle affiche une personnalité
Qui la rend attachante,
Parfois même troublante.

Elle a su combler un vide dans sa vie
Et souhaite simplement le savoir épanouie.
Libre de choisir entre le cœur ou la raison
Pour enfin, ne plus vivre dans une prison.

SOUFFRANCES

Elle avait décidé de partir,
Malgré la neige et le vent,
Quittant à jamais son amant
En disant qu'elle allait mourir.

Elle a bravé la nuit
Pour se rendre loin d'ici,
Essayant peu à peu d'oublier
Celui qu'elle a tenté d'aimer.

Elle souffre malgré son choix.
Elle souffre corps et âme,
Soumise aux affres du froid
Et du filet tranchant d'une lame.

Elle ose verser son sang
D'un geste égoïste et franc,
Espérant disparaître en secret
Pour préserver son amour à jamais.

Et jusqu'au dernier moment
Elle n'a écouté les désirs
De son ami, ni ses sentiments
Qu'il n'a pu voir s'épanouir.

LUPIN

J'ai échangé un regard
A l'orée d'un chemin,
Sous la lune un soir
Et malgré tout serein.

Il est resté là, immobile,
Assis devant moi, loin des siens.
Nous étions tous deux solitaires
Attendant jusqu'au matin.

Je suis revenu en cet endroit,
Avec un infime espoir
De pouvoir le revoir
Au moins encore une fois.

Quelques mois passèrent
Avant de croiser à nouveau ce lupin.
Derrière des yeux aux reflets humains
Et ses pas sur un sol d'hiver.

Je lui ai tendu la main
Avec un morceau de pain
Qu'il dédaigna, impassible,
D'un grognement presque inaudible.

Depuis, il est là, chaque jour,
Devant ma porte à attendre
Un peu de nourriture, un geste tendre
Comme si j'étais son dernier recours.

CHARTRES

Il entra dans la cathédrale
D'un pas presque fébrile,
Foulant une à une les dalles
En évitant de se focaliser sur l'inutile.

Il croyait détenir quelques secrets
Échappant aux être communs.
Il tentait de prouver des faits
Avec un pendule à la main.

Il parcourut le déambulatoire,
L'emplacement du chœur véritable,
Ainsi que la crypte et ses couloirs
Abritant encore quelques retables.

Il intriguait de par sa tenue.
Les gens faisant preuve de retenue
Dont certains, priants et offensés
De voire ce païen souiller un sol sacré.

Il consultait ses notes de manière discrète,
Inscrites sur un petit carnet en cuir,
Avouant d'un mouvement de tête
Qu'en ce lieu, il se laissa séduire.

C'est au-dessus du vieux puits
Qu'il eut son plus profond ressenti.
Et c'est avec un sourire, la mine convaincu
Qu'il se retira une fois de plus.

Il parlait souvent d'énergie et de vibrations,
En disant que tout est lié et naturel.
Même s'il devait mettre en péril sa réputation,
Il croyait en des vérités universelles.

PÉCHÉS CAPITAUX

Il se souvient d'un jour de Février
Où il comprit que sa vie
Était soumise au poids de ses péchés,
Au point d'accepter de se confesser.

Il n'appartenait à aucune religion
Et préférait orienter sa dévotion,
Selon ses vœux, ses propres conviction
Loin des dogmes et des obligations.

Il n'avait pourtant aucun regret
Sauf l'emprise de certains secrets.
Il pensait que ses fautes, une fois pardonnées
Rendraient sa vie plus facile à gérer.

Il n'osa jamais demander,
Et tente de se persuader
Qu'il n'a besoin d'aucune aide.
Il attend que son amour décède.

Il se sent moins chrétien qu'humain.
Mais sais qu'il n'a pas encore le droit
De se choisir enfin un destin
Parce qu'il n'a pas assaini sa foi.

HANTISE RÉELLE

J'ai entendu les pas sur le carrelage
Et vu les lueurs du soir,
Les bruits en forme de présage
Et les apparitions dans le couloir.

J'ai senti les ombres dans la grange
Suivre la mienne sous un froid étrange,
Jusque dans les recoins du grenier
Qui n'avait rien d'hospitalier.

J'ai vu les oiseaux changer de direction
Pour se jeter sans hésitation
Sur les fenêtres, une nuit d'orage,
Lorsque j'étais derrière, sage.

J'ai maintes fois observé
Lorsque la lune argentée
Illuminait la chambre fermée,
Les âmes dansant à mes pieds.

LE TÉMOIN DE BROCÉLIANDE

Il parcourut un jour les allées de Brocéliande
En espérant revivre ses légendes,
Et peut être apercevoir furtivement
Fées, lutins ou korrigans.

Il ne trouva qu'un ressenti particulier,
Se sentant épié depuis son arrivée.
Il en vînt même à penser
Qu'il y avait une part de réalité.

Il marcha près des forges, longuement.
Dans les prés et maisons abandonnées.
Il abusait de son appareil usagé
Pour figer au mieux le temps présent.

Son regard privilégié sur le monde
S'accompagna d'une joie profonde,
Devant un cliché prit au hasard
Et un rêve qu'il n'osa pas croire.

Il retourna dans cette ruine isolée
En pensant à l'image volée
De cet être sur une fenêtre, adossé,
Ne se doutant pas qu'il était observé.

Il ne su jamais ce que c'était
Mais préserva précieusement ce secret.
Égoïstement mais avec respect
Afin de le laisser vivre en paix.

RÉVOLTE

J'ai été témoin de l'obscurantisme
Qui entoure les paraboles de l'église.
Celui qui pense que de saintes devises
Peuvent évincer gnoses et paganisme.

J'ai entendu des réponses claires
Sur le purgatoire et les enfers,
Dans un discours froid et sans âme
Sortit d'un livre en forme de drame.

Ils se disent proches des fidèles,
Et promettent la vie éternelle.
Ils mesurent leur profonde influence
En fonction de leurs instances.

Ils dévoilent sans cesse une vérité
Pourtant figée depuis longtemps.
Trop interprétée, trop peu renouvelée
Pour adhérer à notre temps.

Aucun ne se prétend manipulateur.
Mais ils jouent aisément avec la peur
De ceux qui se considèrent victime
Et croient qu'un péché est un crime.

Il existe une vie, là, dehors.
Mais beaucoup ne voient qu'un décor
Aseptisé par des années d'endoctrinement
Et de croyances agencées subtilement.

Ils mettent votre parole en doute
Et votre sens religieux en déroute
Lorsqu'une apparition, à vos yeux intuitive,
N'a rien de mariale, loin d'être objective.

Accorder sa confiance devient utopique
Face à une foi qui justifie les épreuves.
Le destin est un concept symbolique
Qui se contente d'exister sans preuve.

CELA N'A RIEN D'UN HASARD

Il tenta de saisir le mouvement de ses ailes
Qu'elle déployait chaque fois d'un air capricieux.
Il était en peine sous ces cieux,
Incapable de se détacher de cette aura irréelle.

Elle diffusait une profonde et douce lumière
Qui lui conférait une attirance particulière.
Mais arriver à suivre cet élan d'amour
Ne signifie pas y accéder un jour.

Il comprit alors que nulle convoitise
N'était nécessaire pour approcher
Celle dont la nature, même ombragée
Lui était redevable et à jamais soumise.

Elle se faufila le moment venu
En lui offrant enfin cette sérénité.
Au fond de son cœur par un rêve contenu
Qui fît de lui un être désormais illuminé.

L'ÂME AU VENT

Il attend que les saisons passent,
Assis au pied de son moulin.
Souvent du soir au matin,
Mais jamais ne se lasse.

Il n'entend plus les ailes usées
De son compagnon vieillissant.
Même lorsque souffle le vent,
Sur les landes en fond de vallée.

Obstiné, il ne veut quitter
Celui qui a illuminé sa vie.
Il préfère mourir avec lui
Plutôt que de voir ses souvenirs s'effacer.

Il espère pourtant voir un jour
Cette lueur qui fait naître les passions
Dans les yeux des jeunes générations,
Prêtes à voire en la nature un acte d'amour.

Il souhaite au moins une fois
Sentir l'odeur de la farine,
Écouter craquer le bois comme autrefois
Avant qu'il ne reste en ce lieu que des ruines.

L'APPEL DE L'ANGE

Il parcourut sans peine le chemin,
Malgré l'heure tardive et l'obscurité naissante.
Il essayait de rejoindre son foyer au loin,
Sous les effluves d'une brise apaisante.

Il entendit alors la voix d'un ange.

Il traversa de quelques pas agiles,
Une rivière au faible courant.
Malgré le froid trop présent
Sous la menace de nuages immobiles.

Il entendit alors la voix d'un ange.

Il suivit longuement l'orée des champs,
Vidés de leurs semailles, à la terre gelée
Que l'automne pressant ne pût épargner,
Sous une lune aux reflets scintillants.

Il entendit une fois encore la voix de l'ange.

Il continua à marcher avec insistance.
Sans tenir compte de la voix et ses appels
Dont le troisième, sous forme de dernière chance,
Fît place à un silence créé pour être éternel.

Il n'entendit que le ruissellement des larmes de son âme.

LA SURPRISE DU NIGAUD

Il se présenta devant la porte du paradis
Dans l'espoir d'y être enfin accepté.
Mais il trouva une grille fermée
Avec un petit mot écrit.

Il resta longuement sur le parvis
D'un air suspicieux et indécis.
Après avoir lu, dépité
« Nous sommes fermés pour l'éternité ».

Il se tourna donc vers l'enfer
En se disant que Cerbère
Aurait peut être une explication,
Même succincte, en guise de consolation.

Le gardien se présenta aigri.
Avant de répondre finalement
Au courageux venu jusqu'ici
Que son maître était absent.

Sans faillir il continua donc son chemin.
Bien décidé à trouver quelqu'un
Il se dit « c'est bien la peine de mourir
Il n'y a personne pour m'accueillir ».

Il aperçut au loin une grande maison
Seul indice de civilisation en ces lieux.
Il entra méfiant mais curieux
De voir ce que cachaient ces fines cloisons.

C'est alors qu'il comprit, choqué de voir les verres
Entrecroisés des nouveaux compères
D'un côté, ce félon de Lucifer
Et de l'autre... ce félon de Saint Pierre.

TROP TARD POUR UN REGRET

Deux statues se faisant face
Se renvoyaient inlassablement les mêmes regards.
L'une est de glace sur sa stèle,
L'autre affiche un sourire blafard.

L'une pense qu'elles sont tombées dans l'oubli,
Que ce lieu est depuis longtemps abandonné.
L'autre ne savait que faire pour tuer l'ennui,
Mais essayait d'imaginer ce que cachait son aînée.

Leur horizon apparaît identique,
Chaque fois que le jour se lève.
Seuls quelques oiseaux leurs servent de rêve
Lorsque la nuit se fait mélancolique.

Elles souhaitent évincer la monotonie
Causée par une particulière familiarité.
Se côtoyer toujours, sans pouvoir se parler,
Avant que le temps ne devienne un ennemi.

Un matin, l'une se trouve à terre,
Observant le ciel pour la première fois.
L'autre vît enfin le cimetière
Apparaître clairement sous les bois.

Après plusieurs jours séparés,
Elles connurent l'expérience de la solitude.
Ce qui fut bien pire que cette fausse servitude,
Qui les invitait à sans cesse se regarder.

JUSTE UNE FIN

C'est au cœur qu'il fut touché.
Il garde malgré tout confiance
Car il sait que la souffrance
Ne dure jamais une éternité.

En attendant il doit changer
Sa manière de penser.
Il doit oublier ses désirs,
C'est aujourd'hui qu'il doit mourir.

Il tremble en revoyant un passé
Trouble et intense, même insensé.
Car désormais sans avenir,
Il n'en reste qu'un soupir.

Il avait faim, faim de vie.
Mais au-delà de la douleur
Il lui reste l'âme sœur,
Peut être doublée d'une amie.

C'est ce soir qu'il doit mourir,
Loin des regards, loin des sourires.
Il guette, depuis l'autre coté,
L'arrivée d'une éventuelle sérénité.

QUELQUES ANNÉES APRÈS

Il regardait du haut de ses treize ans
Avec le regard d'un possédé.
Il ne savait pas quelle personnalité
Adopter face au couchant.

Il construit son propre chemin
Sans en connaitre le but.
Et c'est au loin qu'il scrute,
Sans voir le moindre destin.

Il jouait avec des certitudes
Que les adultes ne savent voir.
Il faisait de sa vie un devoir,
Un incursion récurrente de la solitude.

Il connaissait le nom de l'âme
qui habitait autrefois en lui.
Il essaya parfois avec une lame effilée
De le renvoyer à l'éternité.

Il se souvient de son passé
Et des sanctions de l'entité.
Lorsqu'il voulut s'éloigner
De son joug, de ses velléités.

Il cherchait une solution
Pour comprendre des dons.
Pour exorciser des émotions,
Parfois même quelques visions.

MÉDIUMNITÉ NAISSANTE

Difficile d'expliquer à autrui
Que la mort est une autre vie,
Que chacun de nos deuils
N'est qu'un simple écueil.

L'adolescent avance incompris
Et reste timide, avec l'envie
De dévoiler ce qu'il voit
Face à des inconnus de la foi.

Il a senti mourir au loin
Celle qui l'a vu naitre.
Disparue de corps et au matin
L'esprit se vit nouvel être.

Depuis il affine ses compétences
Mais souvent secrètement.
Afin de suivre avec décence
Les pas des croyants « non-croyants ».

DÉSOLE DE N'ÊTRE QUE LUI MÊME

C'était autrefois un petit garçon
Désolé de n'être que lui-même.
Il avançait avec ses propres démons,
Tenant dans sa main, déjà les chrysanthèmes.

Il n'avait aucune écoute, aucun recours
Pour exorciser les visions de son esprit.
Une fois il a appelé au secours
Mais il était tard, il faisait nuit.

Il voyait parfois du sang
sur des pavés qui n'existaient pas.
Des gens, morts depuis longtemps
Qui ignoraient pourtant leur trépas.

Il a grandi avec des influences
Qui ont fait de sa vie une pénitence,
Afin de retrouver cette lumière intense
Qui s'éloignait déjà à sa naissance.

Ce n'était qu'un petit garçon.
Désolé de suivre une destinée
Qui avait oublié d'insérer
Une ration « normale » de probabilité.

SON SEUL CHEMIN

Il avait devant lui des routes différentes
Mais aucune n'était vraiment attirante
Car écrasée par le poids de l'incertitude,
La morne vie et ses vicissitudes.

Il se sent proche de la mort
Et voulait s'en faire une amie.
Mais elle l'a rejeté autrefois,
Il est libre mais en désarroi.

Alors il avance sur le fil du destin.
Son chemin de croix
Qu'il doit suivre avec foi,
Sans pouvoir connaitre son lendemain.

Il attend le retour d'une âme,
Et pourquoi pas le détour d'une lame.
Mais il en est arrivé à maudire l'espoir
Jusqu'à ce que la vie les sépare.

C'est désormais libre de corps
Qu'il veut enfin s'exprimer.
Devenir un immortel, encore
Et suivre sa vraie destinée.

SUR SA TOMBE

J'ai vu les allées, sous couvert
Des couleurs de l'automne,
Non loin de la serre.
Elle repose...je pardonne.

Je me suis penché plusieurs fois
Pour sentir en vain son aura.
Me demandant « Mais pourquoi ? ».
Pourquoi ce silence un peu froid ?

Alors que le marbre seul me sourit,
Je ne suis plus rien sans elle.
Juste un silence, bientôt un oubli
Depuis que s'est évanouie l'étincelle.

De sa vie j'en retiens les rires,
Les mots échangés en secrets.
Et ses yeux couleur désir
Qui me rendait imparfait.

Même le vent, par jalousie s'est empressé
De retirer ma seule rose déposée.
Et un dernier poème tardivement déclaré,
En lui disant « A un jour, peut être une éternité ».

ÉPHÉMÈRE

Je ne fais que passer dans cet univers,
A travers les regards et les influences.
Sans vraiment imposer une présence,
Je me présente, je suis éphémère.

Je n'ai que peu de temps
A accorder à cette vie.
Pourtant sans cesse je fuis
Ce qui ressemble à des sentiments.

Difficile de croire en une destinée,
Pourtant je dois l'accepter.
Car derrière un cœur affaibli
Se cache au loin l'indécis.

Je suis mort déjà, à deux reprises.
Et par deux fois j'ai échappé
A son sourire derrière l'emprise,
Un sursis que je ne veux plus préserver.

C'est suivi d'un cortège sombre
Que je traîne le poids de mon ombre.
Incapable de regarder devant
Par peur d'être seul face au levant.

Je n'ai qu'une âme à présenter
Et je la sais condamnée.
Par manque d'un peu de liberté,
Elle se meurt lentement, étouffée.

Au moins j'aurais appris à aimer,
A voir la vie et ses mystères.
Avant de quitter cet univers
Je me présente, je suis éphémère.

FATUM

De la mélancolie j'en serai l'apôtre
Pour qu'enfin, elle ne soit plus votre.
Qu'elle éloigne toutes vos larmes
Afin que vos vies retrouvent leur charme.

Portant le poids de l'indifférence
Pour sauver jusqu'à votre insouciance,
J'irai seul, vers une nouvelle aurore,
Comme un pacte, à la vie, à la mort.

Je prêcherai loin de vos sentiers
En vous disant « je l'ai mérité » ;
Accompagné par la culpabilité
Pour assurer votre liberté.

Je sens déjà le parfum de l'éternité
Accabler mon âme et mon cœur.
Mais c'est désormais la seule valeur
Qui me pousse encore à avancer.

À UN JOUR

La lumière s'est éteinte
Mais il sent toujours sa chaleur.
Réduisant un peu la complainte
Qui s'est abattue sur son cœur.

Elle l'a autrefois guidée,
Vers un horizon parsemé
De douleurs et de rires partagés,
Une brèche dans sa destinée.

A jamais sien, à jamais reconnaissant
Mais sans espoirs aujourd'hui.
Il est malgré tout impatient
De suivre son chemin, sa vie.

Il reste quelques souvenirs,
Au loin, d'anciennes promesses.
Des pensées et un peu de sagesse,
Un nouveau parcours sur un soupir.

Une page est désormais tournée,
Vers d'autres valeurs, aussi profondes
Que tous leurs discours passés,
Issus d'un amour à l'écart de ce monde.

UNE ÉTERNITÉ, PAS DE RANCUNE

L'ange était devenu de marbre
Après avoir perdu une aile.
Il se réfugia sous un arbre,
Non loin de la balancelle.

Personne ne se doutait que cette sculpture
Cachait un être de chair et de lumière.
Jadis apprécié pour son esprit pur
Qui évinçait l'ombre et l'austère.

Il restait là, malgré tout éveillé
A regarder la nature évoluer.
Alors que lui ne pouvait bouger,
Il n'espérait plus rien de cette éternité.

Pourtant, sans comprendre pourquoi
Il vit devant lui un enfant agenouillé,
Qui pria pour lui comme autrefois.
Il sentit alors son aile repousser.

L'ange ne put blâmer ce temps,
Passé sous la pierre et le vent.
Parce qu'un humain l'avait sacrifié
Mais un autre vint le sauver.

AUTOUR DU MONT TOMBE

C'est au loin, depuis l'horizon,
Que les landes ensablées
D'une seule vague déterminée
Recouvre le domaine du Mont.

Se moquant des obstacles elle file,
Sans que le vent et son profil
Ne l'empêche de suivre son idéal,
Au détriment de son ami le littoral.

Et pourtant chaque fois elle se retire,
Épuisée d'un émincé de compassion.
Elle regrette presque cette soumission
Imposé par la lune et ses désirs.

Elle a autrefois tenté
De se substituer discrètement
A cette influence orchestrée,
Mais elle a manqué de discernement.

FANTÔME INCONNU

La lumière évoluait lentement
Sans que l'heure ne soit tardive.
Elle apparaissait peu craintive
Sous des traits flous mais élégants.

Elle flottait presque soigneusement
En évitant les filets de lune un peu gênants.
Elle démontrait un caractère intelligent,
Malgré un ballet sans mise en scène.

Ni agressive, ni apaisante
Elle ne cessait de les observer.
Sans jamais faillir, se lasser,
Elle usait d'une intensité souvent changeante.

Puis elle disparut au matin,
Sans doute libre en ce lieu.
Pour elle, le vivant est un clandestin
A qui elle ne dit jamais adieu.

BELLE DE SANG

Il arpentait souvent le soir,
Les sombres allées du déambulatoire.
Avec pour seul et unique espoir
De chaque fois la revoir.

Il se savait, troublé par la demoiselle
Qui de son voile cachait son visage.
Il attendait impatient son passage,
La trouvant chaque fois plus belle.

Il était obsédé par son image,
voulait savoir d'où elle venait,
Connaitre tous ses secrets.
Il souhaitait simplement l'aimer, sans partage.

Toujours sereine, elle parcourait la nuit
Et lui ne faisait que la regarder.
N'osant jamais l'approcher,
Il ne voyait en elle qu'un éclat de vie.

Ce fut ainsi pendant longtemps.
A provoquer ses insomnies
Pour observer cette femme enfant,
Marchant avec sensualité devant lui.

DANS LES YEUX D'ANAEL

Il suivait inlassablement
Cette dame de la nuit,
Voyant parfois une goutte de sang
Qu'elle goûtait tel un fruit.

Jamais effrayé, plutôt fasciné
Il se fit plus entreprenant.
Et au loin, chemin faisant,
Il lui fit signe d'approcher.

Il restait malgré tout anxieux
Et sentit battre son cœur amoureux
De celle qui hantait ses pensées.
Au point de se laisser enivrer.

Face à face, le teint sépulcral,
Elle hésita avant de le regarder.
Il osa même, une main en avant,
Approcher de sa joue, l'effleurant.

Et sous les lueurs proches du levant,
Ils échangèrent un regard confiant.
Avant de finalement s'abandonner
Avec la saveur de leur premier baiser.

LE CHOIX DU CŒUR

Il se releva sous la lumière,
Frôlant la morsure de la belle.
Il voulait revivre l'éphémère,
La douceur de la demoiselle.

Il l'observa en s'éloignant
Avec une certaine mélancolie.
Il savait qu'il était épris,
Qu'il était désormais son seul amant.

Le temps passait, sans s'arrêter,
Faisant grandir son amour.
Il repensait à ses traits galbés,
La voulant heureuse, pour toujours.

Il se mit en tête de la retrouver,
De la joindre à sa destinée.
Prêt à s'offrir à l'éternité
Pour être enfin à ses cotés.

Il reprit le chemin après le couchant,
Espérant sentir encore son parfum.
Qu'elle inonde sa vie d'un seul présent,
Être avec elle, du soir au matin.

DERNIERS INSTANTS

Il ne reste que cinq jours
D'attente, de souffrance.
Il pense à sa propre errance
En voyant disparaitre son amour.

Il patiente à son chevet,
Regardant ses cheveux défaits.
Il ne peut retenir son cri,
Devant celle qui n'est plus qu'agonie.

Il sait qu'elle sera délivrée,
Qu'elle gardera son souvenir.
Même si leur vie fut brève,
Elle en est encore la sève.

Il soulève encore à l'occasion,
Le voile posé sur elle.
Il se souvient de leur passion
Qui la rendait toujours belle.

Il attend de la voir mourir
En lui délivrant un dernier sourire.
Son vœu, pouvoir accompagner
Celle qu'il a toujours aimé.

PEUT ÊTRE DANS UNE AUTRE VIE

Que reste t-il aux amants
Dont seul un cœur immortel
Subsiste peut être au temps,
A quoi bon se croire éternel.

Ils ne sont plus que des ombres
Dont l'âme a pourtant survécu
Aux tempêtes et aux heures sombres.
D'avance, ce fut un amour perdu.

Ce furent quelques moments précieux
Qui offrent désormais un goût d'inachevé.
Une sentence pour les bienheureux
Qui n'ont pas le droit de s'aimer.

Le destin leur à octroyé un seul discours,
Une seule voie mais sans recours.
Ils tentèrent en vain de briser l'échéance,
D'avance, ils n'eurent aucune chance.

Il faut remettre à plus tard
Ces projets un peu à part.
Peut être dans une prochaine vie
Parce que celle-ci n'est qu'interdit.

Chercher à s'épanouir n'est qu'utopie,
Cela ressemble parfois à un sortilège.
Ils attendent la mort avec envie,
Suivis de son rire en cortège.

NE PAS OUBLIER

Elle écoute le murmure du vent
Caresser la plaine doucement.
Elle laisse vagabonder ses pensées
Vers celui qu'elle a autrefois aimé.

Malgré ses larmes insistantes
Elle ne souffre plus de son absence.
Elle sent parfois sa présence
Lorsque la brise se fait insistante.

Elle n'a jamais souhaité
Retrouver le lieu de son trépas.
Elle sait que son âme n'est plus ici-bas,
Qu'elle poursuit un but inavoué.

Elle cherche encore à comprendre
Le geste de son tendre ami.
Il considéra la vie comme un défi
Avant de voir son corps devenir cendre.

Elle revient ici, chaque printemps,
Sous les couleurs de l'aurore.
Elle lui renvoie ses sentiments
En lui disant « tu es mon seul trésor ».

LE DÉSIR EN ESCORTE

La belle lui parut peu farouche.
Il mesurait désormais son désir
Et voulut alors partager sa couche
Pour faire d'elle son seul empire.

Il comprit ce qu'il était devenu
Et se sentit un peu perdu.
Suintant de larmes brillantes,
Il voulait retrouver l'élégante.

Depuis ce jour, il évitait la lumière.
Il dormait dans le satin,
Cela lui rappelait les mystères
De celle a qui il a tenu la main.

Il souhaitait partager le sang,
Comme un pacte, au-delà du temps.
Il espérait se voir uni à jamais
Pour percer tous ses secrets.

Il essayait de sentir sa présence
Afin de la retrouver enfin.
Il voulait évincer son chagrin
Et faire de leur mort une autre chance.

LE PRIX DU SANG

Elle sentait ce sang velouté
Couler sur ses lèvres galbées,
Avant de se laisser enivrer
Par ce goût particulier, un peu fruité.

Elle pense de manière un peu égoïste
A son plaisir qu'elle veut entier.
Mais loin d'être opportuniste,
Elle ne choisissait que des victimes raffinées.

Il la regardait se délecter
Et attendait juste un moment.
Ne voulant lui ôter ses instants,
Un amour porté par sa générosité.

Il se tenait toujours éloigné
Pour observer cet écrin de sensualité.
Il profitait à l'occasion de quelques gouttes
Qui éloignaient un peu plus ses doutes.

Et souvent dans la chapelle,
Ils se retrouvaient avec envie.
Jouissant des lieux, de son autel,
Il la trouvait toujours plus belle, nuit après nuit.

Ils finissaient toujours leur escapade
Dans les fraiches allées du cimetière.
Il fredonnait souvent la sérénade,
Elle était désormais son univers.

LA MESSAGÈRE

Elle a autrefois volé avec les anges
Et vu son âme, pénétrée par la lumière.
Elle a ressenti des sentiments étranges
Et le regard bienveillant d'un esprit de l'air.

Elle tente désormais de diffuser
Un message de paix et d'amour.
Même parmi les nombreux trépassés
Qui lui restent fidèles pour toujours.

Son sourire n'est que compassion,
Ses intentions ressemblent à des prières.
Elle en inonde cette terre
En pensant que c'est la seule solution.

Sa seule présence renvoie l'obscurité,
Sa parole est source de bienfait.
Elle offre, sans rien demander
Mais toujours d'un ton discret.

Elle sait que sa tache est difficile
Mais promet de ne jamais renoncer.
Elle souhaite préserver un équilibre fragile
En prétendant que l'humanité n'est pas à jeter.

ELLE ÉTAIT UN RÊVE

Elle dansait, lascive sur son nuage.
Illuminant de ses yeux de cristal
A chacun de ses passages,
Son charme reflétait un bel idéal.

Elle faisait preuve d'impertinence
Et aimait faire croire à ses errances.
Juste pour se créer une réputation,
Bien tournée pour des gens moins profonds.

Intransigeante, elle restait méfiante
Face à des médisants un peu sectaires.
Elle gardait un caractère solitaire,
Une manière de se montrer distante.

Elle se mettait rarement à nu,
Sauf pour quelques mots d'esprit
Souvent judicieusement choisis,
A leurs yeux des formules convenues.

Elle cachait certaines évidences
Derrière son galbe envoûtant.
Elle ne les voilait que légèrement
Mais toujours avec prestance.

Elle ne voulait être qu'un rêve,
Une enclave accueillante,
Une plante dont la précieuse sève
Ne serait qu'une image rassurante.

JUSTE UNE MISSION

Elle savait imiter le chant des sirènes.
Éprise de liberté depuis son enfance,
Elle jouait au-delà de la plaine
Dune âme respirant la bienséance.

Elle entendait parfois la voix
Retentir en elle avec insistance.
Les anges lui parlaient de foi
Et de subtiles présences.

Sa lumière servait de guide
Dans cette immensité candide.
Elle menait ses semblables avec bonheur
Vers leur dernière demeure.

Et de loin, on entendait sa conscience.
Elle transcendant les nombreux égarés
Qui se joignait à sa transhumance
Pour retrouver la paix dans l'éternité.

Même les pierres levées de la vallée
Gardèrent en mémoire sa générosité.
Elle voulait simplement montrer le chemin
Pour préserver le meilleur de chaque destin.

LA DANSE DES ÂMES

Ils voulurent un jour être témoins,
Juste pour confronter leurs convictions.
Ils se disaient que même une apparition
Pouvait contenter leurs besoins

Derrière les murs d'une ruine
Ils cherchaient, enthousiastes,
Les résidents et leurs origines
Sur une place pourtant trop vaste.

Ils ne purent discerner avantageusement
Les formes changeantes de la brume.
Elles se confondaient facilement
Avec les enveloppes posthumes.

Ils quittèrent cet endroit sans vie.
Comprenant non sans regrets
Que les âmes étaient toujours endormies
Sous cette brise avare de secret.

C'est une fois les curieux éloignés
Que commença la ballade des suaires.
Libres de choisir les privilégiés, autorisés
A voir flotter les robes légères.

JUSTE UN ÉCRIN

C'est d'un baiser qu'elle hypnotise
Les séduisantes qui se laissent tenter.
Finalement se sentent toujours soumises
Mais jamais ne tentent de se dérober.

Elle a fait de sa vie un écrin de volupté.
Un tableau sans cesse renouvelé
Qu'elle encadre d'un liseré doré
Pour en faire un gage de qualité.

Elle surprend même les cœurs volages
Qui se constituent un nouvel héritage,
Parmi les préceptes parfois osés
Qu'elle diffuse impunément mais avec fierté.

De son charisme, elle sait profiter,
Pour créer besoin et attirance
Chez des indécis en attente de confidences.
Ils ne savent comment contourner la moralité.

Elle a su modeler l'image de l'intimité
Pour convaincre du bienfait de ses intentions.
Elle ose prétendre que la sensualité
Est un met à déguster en toutes saisons.

JEU DE HASARD

Diseuse de bonne aventure,
Elle n'en avait pas l'envergure.
Mais elle diffusait aux quatre vents
Qu'elle n'avait rien d'un charlatan.

Elle était persuadée d'être crédible
Et croyait même à certaines prédictions.
Elle prenait ce jeu comme une passion
Mais devant la détresse, restait impassible.

Elle ne connaissait des lames ou des runes
Qu'un nom, sans véritable signification.
Elle faisait semblant, jusque dans ses expressions
D'être au courant des phases de la lune.

Elle poursuivit pourtant ses exactions.
Après que ses mots croisèrent une vérité
Elle fit d'une coïncidence un don,
Laissant croire à des destins arrangés.

DAME ONDINE

Elle fut jadis, dame ondine
Qui d'une vois sibylline
Officiait avec amusement
Parmi les esprits hésitants.

Désolé de n'avoir pour abri
Que des eaux profondes et inhospitalières,
Elle bravait parfois les interdits
Pour cueillir un peu de terre.

Elle était parée d'une âme trop espiègle
Pour suivre quelques règles.
Elle voulut non sans ténacité
Se trouver une autre identité.

Elle attendit les premières gelées
Avant de quitter sa rivière.
Elle se mit en quête d'une autre contrée
Aux dogmes moins arbitraires.

Elle afficha alors un sourire satisfait
Lorsqu'elle comprit qu'Ondine
N'était ici qu'une dame anodine.
Un être vivant devenu anonyme et imparfait.

LES PÉCHEURS

Ils se condamnèrent autrefois.
Parce qu'ils souhaitaient ardemment
Éprouver leur peu de foi
Avec quelques gouttes de sang.

Ils se souviennent encore
De ce reliquaire effrité.
Il contenait alors
La vie d'un ancien éveillé.

C'est d'un geste maladroit
Qu'ils le répandirent au sol.
Ce précieux liquide, toujours froid
Fut désormais perdu, hors de sa fiole.

Ils s'enfuirent loin de ces murs,
Rendant ainsi leurs cœurs impurs.
Au lieu de demander pardon,
Ils s'éloignèrent de la moindre compassion.

Le prêtre eut pourtant une parole pour eux.
En sachant que leur vie de pécheur
Ne trouverait réconfort et chaleur
Qu'après le jugement de Dieu.

PHILOSOPHIE VÉGÉTALE

L'arbre voulait atteindre le ciel,
Mais chétif, il attendit quelques années.
Faisant preuve d'une ambition démesurée,
Il souhaitait simplement devenir éternel.

Il observait ses congénères.
Tous, un peu trop disciplinés
Qui n'osaient dépasser la canopée
Par peur de ne plus toucher terre.

Il mit ses racines à contribution.
Croyant en cette unique solution
Pour frôler de ses feuilles,
La porte des cieux, au moins le seuil.

Il demanda alors à l'oiseau
De lui prêter quelques plumes.
Il voulut s'en parer le dos
Pour s'élever au dessus des brumes.

Mais il se résigna intelligemment
Et comprit qu'il n'en avait pas besoin.
Nul intérêt de toucher cet horizon lointain
Pour montrer qu'il était différent.

SES SEULS SOUVENIRS

C'était assis sur un vieux banc
Qu'il regardait passer les trains.
Au temps où il était encore enfant,
Cherchant ce qui ferait le lendemain.

Il aimait marcher la nuit
Sous la lueur des réverbères.
Lorsque la ville était endormie,
Ne laissant que la rue et ses mystères.

Il profitait à loisir des vitrines,
Des quais devenus inutiles,
Avant de rejoindre son officine
Lorsque l'aurore était encore fébrile.

Il restait souvent le soir.
Devant sa radio éteinte
Avec un verre d'absinthe,
Verlaine pour lui conter une histoire.

Il se laissait facilement hypnotiser
Par la douceur attrayante de la cheminée.
Il observait les flammes danser pour lui,
L'emportant dans des rêves adoucis.

CONCLAVE

Il a autrefois choisi d'être sincère.
Pour faire face à l'absurdité affichée
Par des gens aux scrupules étriqués
Dont les arguments sont clairement délétères.

Il s'est battu pour un idéal,
Par la plume et la joute verbale.
Sans jamais s'imposer pleinement,
Mais il restait à l'affût, confiant.

Il se disait prêt à faire des choix,
Allant à l'encontre de sa propre philosophie.
Il justifiait ses actes souvent précis
En prétendant qu'il était homme de foi.

Il abandonna pourtant sa tenue conventionnelle.
Croyant qu'elle était responsable
D'un manque de liberté quasi palpable,
Un courant de pensée opposé et superficiel.

Par une éloquence bien moins guidée,
Il put enfin mesurer son influence.
Sur les égarés qui l'appellent « Votre Excellence »,
Sur les congrégations désormais agenouillées.

LES ESPRITS DE BROCÉLIANDE

Il arpentait le chemin du val
Depuis plus de vingt printemps.
Il se languissait de ne sentir que le vent
Dans les pierres couchées un peu pâles.

Suppliant de l'aider à croire,
Il patientait parfois jusqu'à la nuit.
Il scrutait la nature avec l'infime espoir
De voir enfin les insaisissables esprits.

Il respecte toujours, impassible, leur choix.
Même si au fond de son cœur
Il souhaite au moins entendre une voix,
Avant que son propre souffle ne meurt.

Il insiste pour terminer cette quête.
Même s'il sait que ce n'est pas de son ressort.
Il attend donc de surprendre les silhouettes
De ceux qui savent jouer avec les sorts.

Malgré le nombre d'échecs, il persiste
Et tente de convaincre qu'ils existent.
Au crépuscule, il se tourne vers l'horizon
En disant « un jour, le destin me donnera raison ».

LE DESTIN DE LUCIE

Elle est seule dans le noir,
Faisant inlassablement les mêmes pas.
Elle garde malgré tout, un peu de foi
Sous la forme d'une infime lueur d'espoir.

Elle a plusieurs fois quémandé.
Sans savoir vraiment comment faire,
Une aide précieuse, synonyme de liberté
Afin de quitter enfin son enfer.

Personne n'a entendu les lamentations,
Ni même cru en elle.
Ils ont pourtant vu l'apparition
Et senti cette présence bien réelle.

Elle attend toujours la fin de cette vie
Et parcourt le chemin de ronde.
Loin des aveugles et de leur monde
Qui par deux fois l'ont déjà trahie.

DEMI-CŒUR DE PIERRE

Devant l'impatience des justes
Et de leurs idées qui s'incrustent
Il ne pouvait rester indifférent
Malgré son regard d'enfant

Il comprenait déjà son environnement
Sans l'appréhender globalement.
Il se focalisait sur des détails
Auxquels il ne voyait que peu de failles.

Pas une larme devant les flammes
Qui emportèrent la chaumière.
Ses parents ainsi que son frère,
Ne laissant que des cendres et des âmes.

Il considérait la mort
Comme une œuvre inachevée
Qui lutte contre le sort,
Malgré une étrange velléité.

Il faisait preuve d'une fidélité
Inhabituelle, un peu trop sereine
Envers un imaginaire exacerbé.
Une réalité qu'il voulait moins vaine.

C'est pourtant sur la tombe familiale
Qu'il se rend pour sentir ce manque profond.
Ce besoin de retrouver la raison,
A des lieues de son esprit désormais létal.

L'ÉVANESCENTE

Elle admirait de loin les vitrines
Et enviait corsets et dentelles.
Vivant tant bien que mal de ses maigres rapines
Elle essayait de ressembler à une demoiselle.

Elle mangeait selon les occasions.
Elle ne comptait jamais sur la générosité
Des passants exempts d'émotion,
 Trop occupés à fuir cette réalité.

Elle n'entretenait pourtant aucune rancune
Envers un destin qu'elle disait imparfait.
Elle n'y voyait que de rares lacunes
Et ne dérangeait que des éternels insatisfaits.

Elle parlait parfois seule dans les rues
Avec un regard un peu perdu.
Elle suivait pour se distraire, de parfaits inconnus
Dont certains pensent l'avoir un jour aperçue.

L'éternité efface peu à peu son image.
Elle n'est plus qu'un voile évanescent,
Une ombre brune par moment.
Une âme qui a oublié jusqu'à son âge.

LE CHANT DES ROSES

Elle a le même regard qu'un ange,
Finement cachée derrière sa frange
Il attend chaque année la bonne saison
Pour enfin offrir sa confession.

Elle s'impatiente à l'arrivée du printemps
De voire éclore ses confidentes
Qui se montrent fidèles et apaisantes.
Elles ne portent jamais le moindre jugement.

C'est au milieu des fleurs impassibles
Qu'elle oublie les partisans et les lieux sacrés.
Aussi les gens hors du temps, même passionnés
Qui trouvent leur personnalité dans une bible.

Elle a depuis longtemps déserté
Le sol pavé et froid des églises,
Où même l'humilité parait soumise,
Pourtant attirante aux yeux des initiés.

Elle préfère le chant des roses
Qui de leur parure, teintée de noir,
Délivrent aisément leurs proses
Qui enivrent les pensées quand vient le soir.

LE CADEAU DE L'ANGE

Elle implora un jour l'aide des anges
Avec un dernier espoir à l'esprit.
Mais un seul ailé descendit,
Avant que son cœur, encore ne change.

L'ange usa d'un ton familier
Et de quelques phrases bien nées.
Il lança un sourire qu'il savait dernier,
Avant de faire silence et se retirer.

Elle ne comprit jamais
Le discours si particulier,
De celui qu'elle a maintes fois appelé
Pour admirer, une fois encore ses nobles traits.

Elle médite depuis, sur des formules arrangées
Qui parlent de guides et de lumière,
D'avancées et de subtiles prières
Faites pour adoucir l'éternité.

Chaque jour, elle s'emploie à remercier
Cet éphémère aux pensées chaleureuses.
Parce que la valeur n'est pas dans les paroles pieuses,
Mais dans le fait que l'ange soit une réalité.

À MATHILDE

Elle parcourt le jardin de l'abbaye,
Souvent sous la lune lorsqu'elle est pleine.
S'approchant parfois du puits,
Elle reste silencieuse et sereine.

Les yeux entraînés, à l'occasion
Peuvent entrevoir, son compagnon
Perché sur son épaule, toujours fidèle,
Le regard fixe d'une âme éternelle.

Elle se montre quand vient le soir
A ceux qui ont un cœur pur.
Elle sait qui est capable de croire
Que son errance n'est plus une blessure.

Aucun vivant n'a pu l'approcher,
N'a su comment lui parler ou l'observer.
Elle fait ses propres choix, sincère,
Libre dans le domaine de Mortemer.

IDÉALISTE NON AVERTI

Il a touché du doigt
Les eaux froides de janvier,
Avant de finalement reculer,
Ne voulant assumer ce choix.

C'est plus que déterminé
Qu'il revint en Février,
Juste pour observer
Les étendues gelées.

D'improbables témoins
Pensent l'avoir aperçu en Mars,
Accompagné d'une comparse
Qui le suivait, de loin.

Il avait déjà prévu de revenir
En ce dernier jour d'Avril.
Mais les embruns et une mer d'huile
Le découragèrent d'y mourir.

Revigoré par un soleil radieux,
Il ne voulut tenter en Mai
Parce qu'il l'appelait « mois de Dieu,
Temps du vent et de l'ivraie ».

Il reprit la route en Juin,
Avec une sorte d'idéal
En forme de besoin
Mais sans être fatal.

Il patienta avec raison
Jusqu'au mois de juillet,
En gardant l'intime conviction
D'être un roi dans son palais.

Ce n'est qu'en un jour pluvieux d'Aout
Qu'il aperçut le début de sa déroute.
Personne ne voulait s'encombrer
D'un esprit si mal fagoté.

Alors il se présenta à nouveau,
La dernière semaine de Septembre.
Devant les vagues sceptiques
D'un océan qui se prétendait atlantique.

Il décida de changer de rive
Afin de bénéficier des dérives.
Mais même les grandes marées d'Octobre
Se montrèrent finalement trop sobres.

Il parlementa avec les eaux indiennes,
Chaudes en cette période de Novembre.
Il voulait simplement en devenir membre
Mais fut rejeté vers la caspienne.

Désespéré d'avoir atteint Décembre,
Toujours en vie, il remercia alors
Le choix résolu de la mort,
Sous un crépuscule couleur d'ambre.

RÉBELLION BIENVEILLANTE

Balayant d'un geste vif et décidé
Les habitudes encore trop présentes,
Elle s'en trouva fort reconnaissante
Devant tous ces vendeurs de moralité.

Elle faisait l'éloge du libre arbitre
Et préservait une certaine philosophie.
Elle s'amusait à faire de sa vie,
Une plaisante succession de chapitre.

Une lueur discrète de rébellion
Parait l'ensemble de ses regards.
Elle ne pouvait contrôler certaines émotions
Devant des fous la comprenant un peu tard.

Elle restait humble mais hésitante
A montrer son jeu de visionnaire.
Surtout devant quelques arguments austères
Ne contenant que des sources insignifiantes.

C'est avec une évidente parcimonie
Qu'elle propage ses intimes pensées.
Pour la plupart saines et justifiées
Par le fait de préserver le sens de la vie.

LE MANIPULATEUR

Il arborait un étrange blason
Sur un pendentif en argent
Qui n'appartenait à aucune maison,
Inconnu même des itinérants.

Il se disait investi d'une mission.
Mais en ce jour de moisson,
Aucun ne voulut raisonnablement
Croire aux dires des charlatans.

Il intriguait pourtant son entourage,
Car son discours restait fort sage.
Il fut alors banni du village
Qui refusait superstitions et présages.

Il repartit alors sur les routes.
Après avoir dessiné un symbole,
Un peu plus loin sur le sol,
Juste pour semer le doute.

Depuis son départ, chacun se souvient
Du geste précis du vagabond
Dont personne ne sut lui donner un nom.
Ni même dire s'il relevait du démon ou de l'esprit saint.

REMISE EN QUESTION

Il a grandi sur une terre
Qui favorise l'éphémère,
En ne lui montrant que la vie
N'est qu'une succession jour nuit.

Il a appris d'autres valeurs,
Aimer, détester, ou simplement survivre.
Parce qu'un jour, une âme-sœur
Lui a offert un cœur de givre.

Loin des évidentes conventions,
Il cache certaines émotions.
Par peur de ne plus exister,
Par peur d'être sans destinée.

Il a longtemps vécu avec le sentiment
De devoir choisir entre le passé et le présent.
Entre un ange déchu ou un démon bienveillant,
Finalement il laisse décider le temps.

Table

Le sourire du profane	7
L'adolescente	8
Le mal du poète	9
La servante de Monterbeau	10
Intelligence et clarté	11
Entre folie et doctrine	12
Ruine de l'âme	13
Hymne macabre	14
Le syndrome de l'écrivain	16
Éphémère	17
Fleur de linceul	18
Danse macabre	20
Souvenir d'un soir	21
Futile harmonie	22
Le fils du vigneron	23
Sonnet pour une condamnée	24
La complainte du roturier	25
Adieu colombes	26
La mort en désir	27
Amère solitude	28
Philosophie du boudoir	30
Dieu propose, l'homme…	31
Où est la vérité ?	32
Vision d'artiste	33
Petite mort	34
La complainte du trépassé	35
Le missionné	36
Endoctrinement	37
Regard d'enfant	38
Troubadour	40
Résurrection	41
L'union sacrée	42
Moine d'un jour	43
Le privilège du menuisier	44
Le fossoyeur du Sans-soucis	45
Une dernière pensée	46

Le sens de la pitié	47
Vœux de sang	48
Adeptes et sacrifiés	50
Indécente adolescence	51
Nature morte	52
Apparences virginales	53
Esclaves consentants	54
La fontaine du pauvre	55
Les enfants de Stonehenge	56
Infidèles	58
Loin de moi squelette	59
Le crépuscule des pauvres	60
Immobile hanté	61
Douceur spectrale	62
Chère liberté	64
Le temps d'un regard	66
Saint-Barthélemy	67
Sonnet pour un clochard	68
Identité retrouvée	69
Jack	70
Pauvre poète	72
Intolérance	73
Libertine	74
Le berger de Salers	76
Quand la mort…	77
Le septième vitrail	78
La tourneuse de foi	79
L'amour à fleur de peau	80
L'alchimiste	82
Rumeurs crépusculaires	83
Souvenirs océanes	84
Consciences éthérées	86
Duel	87
Injustice	88
Les larmes d'Héloïse	89
Immoralité latente	90
Le fossoyeur	91
Manifeste de la misère humaine	92
Le parfum de l'os	93

La potière de Montmartre	94
L'apprenti libertin	95
Regrets éternels	96
Génocide végétal	97
En quête d'éternité	98
Promise déchue	99
Déchéance morale	100
La mécréante au gant de velours	101
Le garçon et le bambou	102
La rédemption de Lucifer	103
Ceux qui sont morts vous saluent	104
Isolement de la pensée	105
Désillusion féodale	106
Un ange, un amour une erreur	107
Un jour, un idéal	108
Immortel ?	109
Utopie temporelle	110
La voie perdue	111
Après l'apocalypse	112
Une minute avec soi	113
La valeur du voyant	114
Sur un banc	115
Parfum de nostalgie	116
Cœur de profane	117
Deux égos pour un	118
Bras-droit	119
De mémoire de Chastelain	120
Après la mort	121
Juste humain	122
L'Atalante	123
Au milieu des anges	124
Fines âmes	125
Éolia	126
Cœur de lumière	127
Cadeau du ciel	128
Les facéties de Platon	129
En dehors de la lumière	130
La tentation de l'ange	131
Rêve tangible	132

1666	133
C'était un rêve	134
Déception	135
Destin brisé	136
Hérétique	138
Immoralité religieuse	139
La patience des anges	140
2012	141
Juste un pardon	142
Juste une nuit	143
La mariée des eaux calmes	144
L'âme	145
A son insu	146
Loin d'aile	147
Courtisan et inconnu	148
L'eau des trépassés	149
Les frustrés du cimetière	150
L'indécis	151
Le pacte	152
Quand j'étais prêtre	153
Résidence secondaire	154
Apatride	155
Union éternelle	156
Vers elle	157
Souffrances	158
Lupin	159
Chartres	160
Péchés capitaux	161
Hantise réelle	162
Le témoin de Brocéliande	163
Révolte	164
Cela n'a rien d'un hasard	165
L'âme au vent	166
L'appel de l'ange	167
La surprise du nigaud	168
Trop tard pour un regret	169
Juste une fin	170
Quelques années après	171
Médiumnité naissante	172

Désolé de n'être que lui-même	173
Son seul chemin	174
Sur sa tombe	175
Éphémère	176
Fatum	177
A un jour	178
Une éternité, pas de rancune	179
Autour du mont Tombe	180
Fantôme inconnu	181
Belle de sang	182
Dans les yeux d'Anaël	183
Le choix du cœur	184
Derniers instants	185
Peut être dans une autre vie	186
Ne pas oublier	187
Le désir en escorte	188
Le prix du sang	189
La messagère	190
Elle était un rêve	191
Juste une mission	192
La danse des âmes	193
Juste un écrin	194
Jeu de hasard	195
Dame Ondine	196
Les pécheurs	197
Philosophie végétale	198
Ses seuls souvenirs	199
Conclave	200
Les esprits de Brocéliande	201
Le destin de Lucie	202
Demi-cœur de pierre	203
L'évanescente	204
Le chant des roses	205
Le cadeau de l'ange	206
A Mathilde	207
Idéaliste non averti	208
Rébellion bienveillante	210
Le manipulateur	211
Remise en question	212